Investitionsmanagement im Einkauf

Die Rolle der Beschaffung
bei erfolgreichen Investitionen

Heinrich Orths

Investitionsmanagement im Einkauf

Die Rolle der Beschaffung
bei erfolgreichen Investitionen

Band 20
Praxisreihe Einkauf/Materialwirtschaft

Herausgegeben von
Prof. Dr. Horst Hartmann

Deutscher Betriebswirte-Verlag GmbH, Gernsbach

Bibliografische Informationen der Deutschen Bibliothek

Die Deutsche Bibliothek verzeichnet diese Publikation in der Deutschen Nationalbibliografie; detaillierte bibliografische Daten sind im Internet unter http://www.ddb.de abrufbar.

© Deutscher Betriebswirte-Verlag GmbH, Gernsbach 2013
Umschlaggestaltung: Jörg Schumacher, Gaggenau
Druck: KN Digital Printforce GmbH, Stuttgart
ISBN: 978-3-88640-158-1

Verzeichnis der Abbildungen		8
Vorwort		11
1.	Investitionen	13
1.1	Begriffsdefinition	13
1.2	Investitionsmanagement als Chance	14
1.3	Energieeffizienz hilft langfristig Kosten senken	14
1.4	Der Investor	16
1.5	Aufgaben des Einkaufs	17
1.6	Funktionsübergreifende Zusammenarbeit	18
1.7	Kräfteverhältnisse im Zielkonflikt bei einer Investition	20
1.7.1	Der Investor: Technische Perfektion	20
1.7.2	Das Controlling: Optimaler Kapitaleinsatz	21
1.7.3	Der Einkauf: Ausschöpfung der Einsparungspotenziale	21
1.7.4	Der Lieferant: Identifikation von Alleinstellungsmerkmalen	21
1.7.5	Kräfteverhältnisse über die Zeit	22
2.	Bedarfserkennung	26
2.1	Aktuelle Praxis	26
2.2	Fallweise Information durch den Investor	26
2.3	Vorabinformation durch Finanzabteilung	27
2.4	Optimale Lösung	28
3.	Zeitplan zu einem Investitionsobjekt	31
4.	Mögliche Lösungen und Lieferanten	33
4.1	Bedarfsbündelung	33
4.2	Einschaltung von Beratern	34
4.2.1	Auswahl eines geeigneten Beraters	35
4.2.2	Beratungsumfang	37
4.3	Standardisierung	38
4.3.1	Auswahl des Objektes	38
4.3.2	Detailbeschreibungen	39
4.3.3	Wartungsmaterial und Betriebsstoffe	40
5.	Die Anfrage	41
5.1	Bestimmung potenzieller Lieferanten für die Anfrage (Anfragekreis)	41
5.2	Arten der Anfrage	43
5.2.1	Detaillierte Anfrage	43
5.2.2	Anfrage als Funktionsbeschreibung	45
5.2.3	Anfrageinhalt	46
5.2.4	Technische Änderungen	48

5.2.5	Referenzen	48
5.2.6	Standardbedingungen für Investitionen	49
5.2.7	Anfrageverfolgung	50
6.	Lastenheft und Pflichtenheft	52
6.1	Lastenheft als Basis der Bedarfsermittlung	52
6.2	Pflichtenheft als Angebot	56
7.	Angebotsvergleich und -auswertung	57
7.1	Technische Auswertung	57
7.2	Kaufmännische Auswertung	58
7.3	Prüfung von Referenzen	59
7.4	Langzeiteffekte	60
7.5	Bewertung der Angebote	64
8.	Bestellvorbereitung	66
8.1	Verhandlungsstrategien	66
8.2	Konventionelle Verhandlung	67
8.2.1	Begriffsdefinition „Verhandlung"	67
8.2.1.1	Offene Diskussion	68
8.2.1.2	Wüste Beschimpfung	68
8.2.1.3	Offener Krieg	70
8.2.2	Gesprächspartner bestimmen	70
8.2.3	Verhandlungsvorbereitung	71
8.2.4	Erwartungshaltung	73
8.2.5	Durchführung der Verhandlung	76
8.3	Internetauktion als „gemeinsame" Verhandlung	82
8.3.1	Grundvoraussetzungen	82
8.3.2	Der Auktionator / Die Plattform	83
8.3.3	Vorbereitung der Auktion	84
8.3.4	Durchführung der Auktion	88
8.3.5	Nachbereitung der Auktion	91
8.3.6	Erfolgsmessung	92
8.3.7	Umfeld-Voraussetzungen	93
8.3.8	Fazit	94
8.4	Endgültige Lieferantenentscheidung	94
8.4.1	Hartfacts	95
8.4.2	Softfacts	95
8.4.3	Gemeinsame Entscheidung der Beteiligten	103

9.	Die Bestellung	104
9.1	Bestelldetails	105
9.1.1	Beschreibung des Investitionsobjektes	105
9.1.2	Zahlungsmodalitäten	106
9.1.3	Sicherheiten (Bankbürgschaften)	108
9.1.4	Technische Verfügbarkeit	115
9.1.5	Gewährleistung	118
9.1.6	Energie und Betriebsstoffe	121
9.1.7	Wartung und Reparatur	122
9.1.8	Ersatzteile	123
9.1.9	Training durch den Lieferanten	125
9.1.10	Dokumentation	126
9.1.11	Terminierung	128
9.1.12	Lieferverzugsstrafe (Pönale)	131
9.1.13	Probebetrieb	133
9.1.14	Transport – Versicherung – Verpackung	133
9.1.14.1	Transportkosten	134
9.1.14.2	Versicherung	135
9.1.14.3	Verpackung	137
9.2	Währungsvereinbarung	138
9.3	Allgemeine Bedingungen, Recht und Gesetz	139
9.3.1	Allgemeine Geschäftsbedingungen	139
9.3.2	Recht und Gesetz	140
9.3.3	Gericht und Schiedsgericht	141
10.	Bestellbearbeitung	143
10.1	Bestellungsannahme prüfen	143
10.2	Währungssicherung durchführen	145
10.3	Anzahlungen leisten und Bürgschaften prüfen	147
10.4	Terminüberwachung	148
10.5	Notwendige Änderungen	150
10.6	Vorzeitige „Abnahme/Übergabe" vermeiden	152
10.6.1	Vorabnahme beim Hersteller	153
10.6.2	Annahme (Wareneingang) des Investitionsobjektes	153
10.7	Probebetrieb	153
10.8	Übernahme des Investitionsobjektes (Abnahme)	155
10.9	Lieferverzugsstrafe geltend machen	159
10.10	Dokumentation sicherstellen	159
10.11	Abschluss des Wartungsvertrages	159
10.12	Ersatzteilversorgung sicherstellen	160

11.	Aufgaben nach der Übernahme	162
11.1	Zahlungsabwicklung	162
11.2	Rückgabe von Bankbürgschaften	163
11.3	Als Referenz dienen	163
11.4	Gewährleistungsverfolgung	164
12.	Handlungsalternativen nach Ablauf der Nutzungsdauer	168
12.1	Möglichkeiten des Lieferanten	168
12.2	Verkauf in eigener Verantwortung	169
12.3	Verschrottung und Entsorgung	170
13.	Investitionsmanagement als kontinuierliche Optimierungsaufgabe	171
13.1	Manöverkritik	171
13.2	SWOT-Analyse als Tool zur Verbesserung	172
13.3	Permanente Verbesserung als Herausforderung	174

Anhang

Anhang 1:	Verhandlungsprotokoll	176
Anhang 2:	Code of Conduct	180

Stichwortverzeichnis 186

Verzeichnis der Abbildungen

Abbildung 1:	Energiekostenvergleich Gefrierschrank	15
Abbildung 2:	Unternehmen als Tortendiagramm	18
Abbildung 3:	Unternehmen als vernetztes Puzzle	19
Abbildung 4:	Kräfteverhältnisse über die Zeit	22
Abbildung 5:	Beispiele zur Einschätzung des Einflusses	23
Abbildung 6:	Kräfteentwicklung in der Portfolio-Analyse	25
Abbildung 7:	Verfahrensanweisung Investitionsobjekte (Beispiel)	29
Abbildung 8:	Zeitplan für ein Investitionsprojekt (Beispiel)	32
Abbildung 9:	Detaillierte Anfrage (Beispiel)	44
Abbildung 10:	Anfrage als Funktionsbeschreibung (Beispiel)	45
Abbildung 11:	Lastenheft zur Anfrage (Beispiel)	54
Abbildung 12:	Verfahrensanweisung Erstellung eines Lastenheftes (Beispiel)	55
Abbildung 13:	Kostenvergleich Drucker (Praxisbeispiel)	61

Abbildung 14:	Kostenvergleich über die Nutzungsdauer (Praxisbeispiel)	63
Abbildung 15:	Tabellarische Bewertung von Angeboten (Beispiel)	65
Abbildung 16:	Gespräch über Verzögerungen (Praxisbeispiel)	69
Abbildung 17:	Zeiteinteilung Verhandlungsablauf	72
Abbildung 18:	Verhandlungscheckliste (Beispiel)	75
Abbildung 19:	Toleranzen (Beispiel)	77
Abbildung 20:	Zahlungsbedingungen (Beispiel)	77
Abbildung 21:	Geschenke von Lieferanten (Beispiel)	77
Abbildung 22:	Bluff und Ultimatum in der Verhandlung (Beispiel)	80
Abbildung 23:	Stammdaten einer Internetauktion (Beispiel)	88
Abbildung 24:	Ablauf Internetauktion (Beispiel)	90
Abbildung 25:	Stahlwerk (Praxisbeispiel)	98
Abbildung 26:	Autobahnbau (Praxisbeispiel)	99
Abbildung 27:	Photovoltaik (Praxisbeispiel)	100
Abbildung 28:	Zertifikat bezüglich Qualität, Umwelt und Arbeitssicherheit und Gesundheitsschutz (Beispiel)	101
Abbildung 29:	Gestaffelte Zahlung (Beispiel)	108
Abbildung 30:	Bankbürgschaft für Vorauszahlungen – Anzahlung (Beispiel)	110
Abbildung 31:	Terminierung einer Anzahlungsbürgschaft (Beispiel)	112
Abbildung 32:	Bankbürgschaft für Lieferungen und Leistungen (Beispiel)	113
Abbildung 33:	Gewährleistungsbürgschaft (Beispiel)	114
Abbildung 34:	Automatische Lagereinrichtung (Beispiel)	117
Abbildung 35:	Gewährleistungsausschluss für Verschleißteile (Beispiel)	120
Abbildung 36:	Ferndiagnose (Beispiel)	123
Abbildung 37:	Gebrochene Versicherung (Beispiel)	136
Abbildung 38:	Übermäßige Verpackung (Beispiel)	138
Abbildung 39:	Bestellungsannahme als Postkarte (Beispiel)	144
Abbildung 40:	Kursentwicklung USD : Euro über 12 Monate	146
Abbildung 41:	Aufgabenliste	149
Abbildung 42:	Änderungsfreigabe (Beispiel)	152
Abbildung 43:	Abnahmeprotokoll (Beispiel)	158
Abbildung 44:	Gewährleistungsverfolgung (Beispiel)	166
Abbildung 45:	SWOT-Analyse (Beispiel)	173
Abbildung 46:	Aufgabenliste zur permanenten Verbesserung (Beispiel)	174
Abbildung 47:	Verbesserungspotenzial erfassen (Beispiel)	175

Vorwort

In der Praxis herrscht häufig Sprachverwirrung. Was aus der Sicht der Technik bei einer Investition entscheidend ist, muss noch lange nicht für den Einkauf ausschließlich relevant sein. Investitionsmanagement ist auch nicht leichtgläubig mit irgendeinem Investitionsrechnungsverfahren gleichzusetzen. Ein einheitliches, funktionsübergreifendes Verständnis sollte an die häufig einseitige Interpretation treten. Ein relativ simples Gebot, das in der Praxis jedoch selten umgesetzt wird, weil vor allem im Einkauf mittelständischer Unternehmen über das Thema Investitionsobjekteeinkauf nur sporadisch nachgedacht wird.

Der Einkauf muss bei anstehenden Investitionsentscheidungen von Anfang an dabei sein! Als Steuerungsinstanz für den externen Wertschöpfungsprozess ist er auch beim Investitionsobjekteeinkauf gefordert, die monetäre und nicht-monetäre Einsparung- bzw. Verbesserungspotenziale auszuschöpfen.

Die praxisbezogenen Ausführungen in dem vorliegenden Fachbuch zeigen den Königsweg auf, der nicht zum marginalen sondern zum ganzheitlich optimierten Erfolg führt. Als wesentliche Voraussetzungen dafür werden im Einzelnen beschrieben und begründet:

- Funktionsübergreifende Zusammenarbeit / Abgestimmte Aufgabenverteilung zwischen Investor (Technik), Einkauf und Lieferant
- Einbindung des Controllings bzw. der Finanzabteilung
- Frühzeitiges Genehmigungsverfahren
- Detailbeschreibung technischer und ökologischer Bedingungen
- Angebotsauswertung hinsichtlich Kostentreiber, Zahlungsbedingungen, Amortisationszeit, Gewährleistung, Wartung
- Erfassung aller Kostenaspekte (Total Cost-Analyse): Transportkosten, Ersatzteile, Service / Wartung usw.
- Erfassung und Bewertung möglicher Risiken

Das Buch ist ein hervorragender Wegweiser durch den Dschungel eines in der Regel komplexen Entscheidungsprozesses. Es bietet sogleich Ansatzpunkte zur Optimierung der Kosten, der Nutzungsdauer / Amortisationszeit und Entsorgung, sowie zur Minimierung der Kosten für Wartung und Ersatzteile. Checklisten u. a. zur Verhandlungsvorbereitung und zum Investitionsmanagement, sowie zahllose Abbildungen und Beispiele erleichtern dem Leser den Zugang zu weiteren Detailinformationen.

Das Fachbuch ist ein Muss für jeden Mitarbeiter im Einkauf, der verantwortungsbewusst bemüht ist, alle von dem Verfasser aufgezeigten Stellschrauben zu optimieren. Dabei schöpft der Autor aus einem umfangreichen und differenzierten Fundus an Wissen, das er durch seine jahrzehntelange Tätigkeit als Führungskraft im Einkauf und im Supply-Chain-Management, sowie als Dozent im Rahmen der Weiterbildung von Einkäufern und Logistikern angereichert hat.

Horst Hartmann
Sommer 2013

1. Investitionen

1.1 Begriffsdefinition

Unter einer Investition wird allgemein eine in der Regel langfristige Kapitalbindung zur Erwirtschaftung zukünftiger autonomer Erträge verstanden. Diese können vom Grundsatz her Realinvestitionen, Finanzinvestitionen oder immaterielle Investitionen sein.

Gegenstand dieses Buches sind Realinvestitionen, also Investitionen in Sachen. Grundsätzlich könnte hierbei nach Neuinvestitionen, Erweiterungsinvestitionen oder Ersatzinvestitionen unterschieden werden. Für den Gegenstand dieses Buches ist dies jedoch nicht von Belang.

Im Zentrum der Überlegungen stehen langlebige Güter wie zum Beispiel Maschinen. Das Spektrum mag vom einfachen Gabelstapler bis zur komplexen Werkzeugmaschine oder auch einem Hochregallager reichen. Bauleistungen stehen nicht im Fokus dieses Buches.

Die Beschaffung von Investitionsobjekten unterscheidet sich wesentlich von dem von Rohmaterialien, Hilfs- und Betriebsstoffen oder Kostenstellenmaterialien. Während die letzteren allen zur alsbaldigen Verwendung bzw. zum alsbaldigen Verbrauch bestimmt sind, verbleiben Investitionsobjekte langfristig im Unternehmen. Total Cost-Betrachtungen spielen daher eine besondere Rolle. Bei allen Entscheidungen sind die Kosten von der Investition bis zum Ende der Nutzungsdauer zu betrachten. Diese Betrachtungen schließen Art und Kosten der Energie ebenso ein wie die benötigten Betriebsstoffe, Wartung, Reparaturen und vieles andere mehr. Schließlich ist auch noch das Ende der Nutzungsdauer zu betrachten. Was geschieht dann mit dem Investitionsobjekt?

Am ehesten mag man die Beschaffung von Investitionsobjekten mit komplexen Komponenten für Kundenaufträge im Investitionsobjektebereich vergleichen. Es gibt jedoch einen wesentlichen Unterschied. Komponenten für Kundenaufträge werden an den Kunden übergeben. Dieser Kunde wird dann für das Investitionsobjekt verantwortlich sein, die Folgekosten tragen. Ein beschafftes Investitionsobjekt bleibt – meist für lange Zeit – im Unternehmen und wird von diesem genutzt. Damit bleiben nicht nur die positiven Aspekte des Investitionsobjekts im Unternehmen, sondern auch die Folgekosten.

1.2 Investitionsmanagement als Chance

Investitionen in Sachanlagen sollen die Wirtschaftlichkeit eines Unternehmens schaffen, erhalten oder optimieren. Bei Maschinen oder maschinellen Anlagen ist dies augenfällig. Sie sollen die Fertigung von Produkten oder Bauteilen schneller, kostengünstiger oder auch nur flexibler machen. Ähnliches kann man auch zu Investitionen in Flurförderfahrzeuge (z. B. Gabelstapler). In entsprechender Art und Weise gilt dies aber auch für Geschäftsausstattung. Dies schließt die Telefonanlage ebenso ein wie Büromöbel, Computer, Laptops, Kopierer und vieles andere mehr. Wenn die Realisierung der Investition optimal sein soll, ist Management gefragt, Investitionsmanagement.

Das Management von Investitionen gelingt nur dann in optimaler Weise, wenn alle Funktionen im Unternehmen zusammenarbeiten. Daher ist die funktionsübergreifende Zusammenarbeit bei Investitionen von besonderer Bedeutung. Ein Investitionsvorhaben ist eine gute Gelegenheit, diese funktionsübergreifende Zusammenarbeit zu verbessern. Alle Beteiligten werden hiervon profitieren.

Investitionen sind mit Risiken verbunden. Diese gilt es zu vermeiden, oder zumindest zu begrenzen. Diese können technischer oder kaufmännischer Art sein. Durch gemeinsames und abgestimmtes Verhalten sind diese zu begrenzen.

Investitionen sollen die Stellung des Unternehmens im Markt stärken. Neben Kostenvorteilen spielen hier Schnelligkeit und Flexibilität eine große Rolle. Neue Produkte, niedrigere Kosten, besseres Marketing, optimale Arbeitsmöglichkeiten sollen rasch zur Verfügung stehen.

Dies sind eine Fülle von Ansätzen, die Zusammenarbeit der verschiedenen Funktionen nahe legen. Hierauf wird im Folgenden näher eingegangen.

1.3 Energieeffizienz hilft langfristig Kosten senken

Bei Investitionsentscheidungen stehen auch heute noch oft die kurzfristigen Kosten / Ausgaben im Mittelpunkt, die Anschaffungskosten für das Investitionsobjekt. Die mittel- und langfristigen Kosten erfahren oft nicht die Aufmerksamkeit, die sie verdienen.

Mittelfristig spielen neben den Betriebsstoffen in Art und Menge, Wartung und Reparatur die Kosten für Energie eine erhebliche Rolle. Langfristig sind auch die Kosten für die Entsorgung am Ende der Nutzungsdauer zu betrachten.

Gegenstand der Betrachtung an dieser Stelle sind die Energiekosten. Diese können bezüglich ihrer Bedeutung leicht über- wie unterschätzt werden. Es empfiehlt sich daher eine konkrete Berechnung. Diese ist im Folgenden als Beispiel an einem Gefrierschrank dargestellt. Hierzu wurden Informationen zu einem Gerät mit ca. 200 l Nutzinhalt aus dem Internet entnommen.

Für den Vergleich wurden die Energiekosten mit 0,20 € je kW / h angenommen. Für einen vergleichbaren Jahresverbrauch wurde der Energieverbrauch pro Jahr (Herstellerangabe) auf 200 l harmonisiert. Weiterhin wurde eine voraussichtliche Nutzungsdauer von 10 Jahren angenommen.

Typ	Effizienzklasse	Nutzinhalt	Verbrauch pro Jahr	Verbrauch je 200 l	Kosten pro Jahr
Siemens GS NV 23	A+	217	298	275	52
Liebherr Gnp 2756	A++	224	227	203	38
Exquisit GS 184 A+	A+	209	208	199	38
Privileg Pfvn 251W A+	A+	228	303	266	50
Beko FS256	A+	215	257	239	45
Privileg Pfvn 271W A++	A++	235	212	180	34
Exquisit GS 300	A	240	318	265	50
Bauknecht Gkn 215 A+ NF	A+	195	281	288	54
Bester	A++	224	227	203	38
Letzter	A+	195	281	288	54
Differenz				86	16

Abbildung 1:   Energiekostenvergleich Gefrierschrank [1]

1)   Quelle: Internetrecherche bei Evita, 20.01.2012

Vergleicht man die unterschiedlichen Verbräuche / Kosten pro Jahr und rechnet sie auf die erwartete Nutzungsdauer von 10 Jahren hoch, so ergibt sich zwischen dem Gerät mit dem niedrigsten und dem mit dem höchsten Verbrauch eine Kostendifferenz von 160,– Euro. Ob dies die Kaufentscheidung in diesem Fall wesentlich beeinflusst, mag offen bleiben. Empfehlenswert wäre auch ein Vergleich mit einem vorhandenen Gerät. Dieser fällt sicher ganz anders aus und lässt aller Voraussicht nach die Durchführung einer „Ersatzinvestition" sehr wirtschaftlich erscheinen.

Die konkreten Daten für einen Gefrierschrank mögen für ein Industrieunternehmen nicht wirklich relevant sein. Sie sind jedoch übertragbar. In jedem Unternehmen gibt es „Energiefresser". Hier kommen zum Beispiel Öfen oder Motoren infrage. Hier ist die Frage des Energieverbrauchs sehr relevant. Dies gilt für die neue Investition ebenso wie für einen Ersatz, selbst wenn die Funktionsfähigkeit noch gegeben ist.

1.4 Der Investor

Wenn man an Investitionen denkt, so sieht man die Verantwortung meist beim Nutzer der Investition. Schließlich muss dieser mit der Investition leben, diese betreiben und den Nutzen hieraus in das Unternehmensergebnis einbringen. So wird der Nutzer die Investition

- Planen
- zur Genehmigung bringen
- betreiben und zum Erfolg führen
- verantworten

Wenn man an ein produzierendes Unternehmen denkt, wird der „Investor" in aller Regel die Fertigung sein. Dort finden die werterheblichen Investitionen statt, um dem Unternehmensziel gerecht werden zu können.

Von der Sache her sind die Abläufe gleich, wenn es sich um Investitionen in anderen Bereichen handelt. Diese könnten zum Beispiel Flurförderfahrzeuge oder Lagereinrichtungen in der Materialwirtschaft sein, Nutzfahrzeuge für den Fuhrpark oder eine Telefonanlage für die Verwaltung. Investitionen sind vielschichtig und können unterschiedlichen Nutzern (Investoren) „gehören".

Dienstfahrzeuge gehorchen anderen Maßregeln. Hier spielt die Kosten-Nutzen-Abwägung nur eine untergeordnete Rolle. Dagegen steht eher das Statussymbol im Vordergrund. So gilt ein Dienstfahrzeug als geldwerter Vorteil, der zu versteuern ist.

1.5 Aufgaben des Einkaufs

Was ist die Aufgabe des Einkaufs in dem Orchester, das sich Unternehmen nennt? Die Aufgabe des Dirigenten ist bereits anderweitig vergeben. Die Versorgung des Unternehmens zu optimalen Kosten steht im Vordergrund. Alles andere leitet sich hiervon ab.

Wie der Vertrieb das Bindeglied des Unternehmens zum Absatzmarkt ist, stellt der Einkauf das Bindeglied zum Beschaffungsmarkt dar. Dies gilt für alle Lieferungen und Leistungen, die das Unternehmen benötigt. Alle Teilaufgaben leiten sich von diesem Grundsatz ab. Hier eine kurze Aufzählung:

- Lieferantenmanagement
- Commodity Management
- Kontraktmanagement
- Versorgungsmanagement

Hierzu zählt ganz sicher auch das Suchen und Finden neuer Bezugsmöglichkeiten, neue Problemlösungen. Diese Aussage bezieht sich sowohl auf neue Bezugsquellen für bekannte Materialien / Leistungen (global) als auch neues, dass bisher noch nicht verwendet wurde, aber als Substitut verwendet werden könnte, auch wenn es um Investitionen geht.

Dies ist ein weites Spektrum, das auch personelle Voraussetzungen braucht. Qualifikation im Einkauf ist dringend geboten, wenn den Erfordernissen entsprochen werden soll. Das Management von Investitionen ist sicher keine Aufgabe, die nebenher erledigt werden kann. Es erfordert Umsicht und Einsatz. Vielleicht müssen in diesem Zusammenhang einige Aufgaben dem Investor überlassen werden. In jedem Fall ist ein hohes Maß an Zusammenarbeit gefragt.

1.6 Funktionsübergreifende Zusammenarbeit

Die Zusammenarbeit im Unternehmen ist oft von „Kästchendenken" geprägt. Jede Abteilung hat einen eigenen Aufgabenbereich und nimmt die übertragenen Aufgaben kompetent und verantwortlich war. Per Definition könnte dies keiner besser als der Funktionsinhaber.

- Keiner kann besser verkaufen als der Vertrieb, und keiner weiß besser was die Kunden wollen und brauchen.
- Finanzen und Controlling haben den gesamten Geldfluss im Griff, steuern Kosten und Erträge.
- Entwicklung sorgt für technologisch ausgereifte Produkte, die sich fast von allein verkaufen.
- Fertigung produziert die zu verkaufenden Produkte in einwandfreier Qualität und zum richtigen Termin.
- Einkauf stellt sicher, dass alle erforderlichen Lieferungen und Leistungen zur richtigen Zeit am richtigen Ort und in erforderlicher Menge und Qualität zur Verfügung stehen.

Die Liste ließe sich beliebig ergänzen. Ein jeder ist ein Meister seines Faches. Einmischungen sind überflüssig und unerwünscht. In der Folge sitzt jede Funktion in ihrem Kästchen. Vielleicht könnte man die Struktur auch mit einer Orangenscheibe vergleichen. Jede Struktur ist in der eigene Spalte – oder Sparte – gefangen. Es ergibt sich eine Torte, mit klaren Schnittstellen.

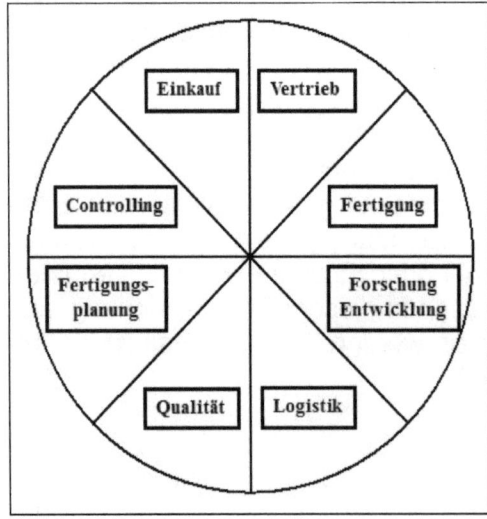

Abbildung 2: Unternehmen als Tortendiagramm

Fachwissen und Kompetenz sind im Unternehmen und in den verschiedenen Funktionen notwendig. Kaum ein Unternehmen ist überlebensfähig, wenn dies nicht gegeben ist. Ebenso wichtig ist jedoch die Integration, die funktionsübergreifende Zusammenarbeit. Die Entwicklung von der Torte mit klar abgegrenzten Segmenten zur vernetzten Integration gleich einem Puzzle ist erforderlich. Dadurch entwickelt sich aus der Abgrenzung eine Vernetzung.

Hinderlich für eine funktionsübergreifende Zusammenarbeit kann ebenfalls die gefühlte – und oft gelebte – Hierarchie im Unternehmen sein. Man könnte von einer mindestens Zwei-Klassen-Gesellschaft reden. Da gibt es „Kernfunktionen" und „Hilfsfunktionen". Der Vertrieb, der 100 % des Umsatzes verantwortet, kann nur Kernfunktion sein. Ähnliches gilt für die Fertigung, die diese Produkte fertigt, die Entwicklung, die diese Produkte möglich macht.

Dagegen setzt sich dann ein Einkauf durch, der 50 - 70 % des Umsatzes einkauft und somit verantwortet. Gleichzeitig ist festzustellen, dass 80 - 90 % des Einkaufswertes durch die Entwicklung festgelegt sind und nur 10 - 20 % des Wertes wirklich durch Einkauf beeinflussbar sind. Wird ein Tiefziehteil aus Edelstahl entwickelt, nutzt eine günstige Bezugsmöglichkeit für ein Kunststoffteil relativ wenig.

Was soll diese Auseinandersetzung? Dient es dem gesamten Unternehmen nicht viel mehr, wenn alle zusammenwirken, am gleichen Strang ziehen. – Am besten tun sie das in der gleichen Richtung und nicht gegeneinander. In einem Puzzle stützen sich alle Teile gegenseitig.

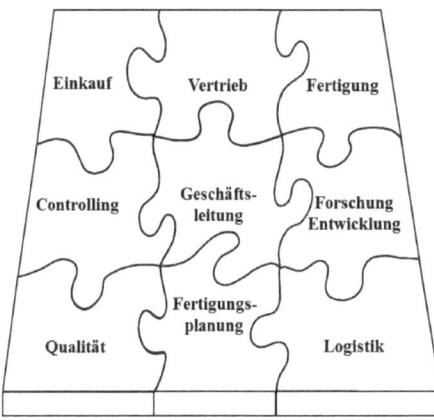

Abbildung 3:   Unternehmen als vernetztes Puzzle

1.7 Kräfteverhältnisse im Zielkonflikt bei einer Investition

Investitionen werden in einem Spannungsfeld vorgenommen. Hierbei geht es nicht nur um Wirtschaftlichkeit und Finanzierung. Gemeint ist das Spannungsfeld zwischen den Beteiligten. Wer sind die Hauptbeteiligten bei einer Investition? Hier sehen wir im Wesentlichen vier Beteiligte:

- Investor
- Controlling
- Einkauf
- Lieferant

Diese haben unterschiedliche Interessen und vertreten diese. Dabei können die inner- und außerbetrieblichen Grenzen verschwimmen.

1.7.1 Der Investor: Technische Perfektion

Der Investor gehört naturgemäß zur eigenen Organisation. In produzierenden Unternehmen ist dies meist die Fertigung. Das Hauptziel des Investors ist meist die rasche Verfügbarkeit der angestrebten Investition. Erkannte Chancen sollen schnellstmöglich durch die ins Auge gefasste Investition realisiert werden. Daher wird die schnellste und beste Problemlösung gesucht, die sich rechnet.

Störungen im Ablauf passen wenig in die Pläne. Diese „Störungen" gehen zunächst von den eigenen Kollegen aus. Da verlangt das Controlling eine Investitionsrechnung, die überprüfbar die Notwendigkeit und Wirtschaftlichkeit nachweist.

Der Einkauf möchte bei allen relevanten Überlegungen frühzeitig eingebunden sein, an Gesprächen mit potenziellen Lieferanten teilnehmen. Es wird erwartet, dass die Entscheidung zwischen mehreren Lieferanten möglichst lange offen bleibt.

Gegenüber diesen internen Hindernissen nehmen sich die (externen) Lieferanten sehr positiv aus. Sie engagieren sich durch rasche und intensive Beratung.

1.7.2 Das Controlling: Optimaler Kapitaleinsatz

In Sachen Geld hat das Controlling, die betriebswirtschaftliche Abteilung, die Finanzabteilung das Sagen. Dabei ist es unerheblich welchen Namen und Status diese Abteilung im Unternehmen hat. Sie hat ein durchaus verständliches Interesse, das eingesetzte Kapital möglichst optimal zu verwenden. Investitionen führen immer zu langfristigen Bindungen, unabhängig ob gekauft oder geleast wird.

Bei der Überprüfung zur Genehmigung wird daher sehr kritisch auf die Notwendigkeit und Wirtschaftlichkeit geschaut. Auch die längerfristigen Aspekte positiver wie negativer Art werden hierbei gesehen.

1.7.3 Der Einkauf: Ausschöpfung der Einsparungspotenziale

Der Einkauf sieht sich als Bindeglied zum Beschaffungsmarkt. Er möchte daher alle marktrelevanten Aktionen unterstützen und unter Kontrolle haben. Dabei ist nicht das Ziel, Probleme zu machen, sondern die optimale Problemlösung für den Investor zu ermöglichen. Richtig verstanden, soll sich dies über niedrige Gesamtkosten über eine bestimmte Zeit (z. B. die geplante Nutzungsdauer) darstellen.

Dies wird nur durch die „Schaffung von Markt", von Wettbewerb zwischen verschiedenen potenziellen Lieferanten gelingen. Dies lässt verschiedene Problemlösungen notwendig erscheinen.

1.7.4 Der Lieferant: Identifikation von Alleinstellungsmerkmalen

Der Lieferant hat stets die Interessen des Investors im Auge. Er wird daher dem Investor stets die – für ihn selbst profitabelste – Problemlösung nahe bringen. Sie muss sich für den Investor rechnen.

An Wettbewerb kann kein Lieferant interessiert sein. Er wird daher stets nach Alleinstellungsmerkmalen suchen, die Wettbewerb möglichst ausschließen oder zumindest einschränken.

Nicht zuletzt vor diesem Hintergrund sind Verkäufer von Investitionsobjekten – und nicht nur diese – sehr an direkten Kontakten mit dem „Entscheider", also dem Investor interessiert. Dort stehen die technischen Problemlösungen im Mittelpunkt, während die Kosten eher eine unvermeidliche Begleiterscheinung sind.

1.7.5 Kräfteverhältnisse über die Zeit

Vor dem beschriebenen Hintergrund sind die Kräfteverhältnisse zwischen Kunde und Lieferant im Zuge einer Investition zu sehen. Alle in den letzten Abschnitten aufgeführten Gesichtspunkte sind nicht schlecht oder verwerflich. Man muss sie nur kennen und sich entsprechend verhalten. Dazu gehört, dass die Entwicklung der Kräfteverhältnisse über die Zeit erkannt wird. Hierbei ist die Idee einer möglichen Investition der Ausgangspunkt. Erst mit der Entsorgung des Investitionsobjekts endet die Betrachtung. Die folgende Grafik soll das verdeutlichen.

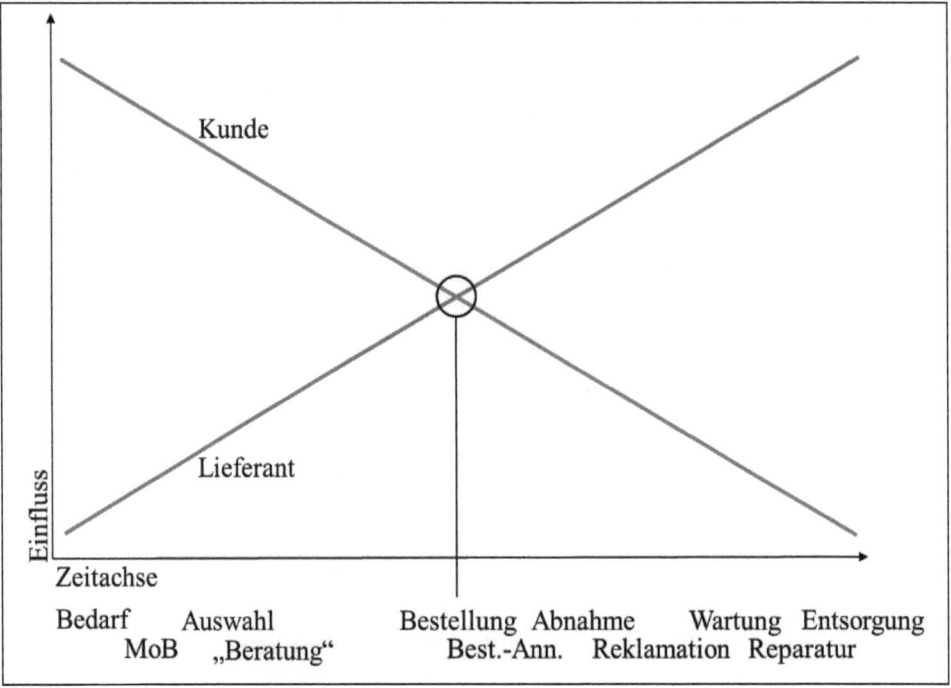

Abbildung 4: Kräfteverhältnisse über die Zeit

Die Kräfteverhältnisse sind nicht stabil, also nicht unveränderlich. Sie verschieben sich vielmehr im Zuge des Ablaufs. Mit jedem Schritt nehmen der Einfluss des Kunden ab und der des Lieferanten zu. Dies kann an einigen Beispielen erläutert werden.

Zeitpunkt	Situation
Bedarfserkennung	Alles ist noch in der Schwebe. Es ist nicht einmal klar, ob eine Investition getätigt wird. Der Kunde hat volle Entscheidungsfreiheit.
Make or Buy-Untersuchung	Für den Lieferanten kommt hier bereits der erste kritische Punkt. Sein Kunde kann sich gegen eine eigene Investition und für das Nutzen einer bereits vorhandenen Investition bei einem anderen entscheiden. Eine Entscheidung pro „Make" verschiebt das Kräfteverhältnis erstmalig zu Gunsten des Lieferanten.
Auswahl der Lieferanten zur Anfrage	Ein potenzieller Lieferant, der hier eingebunden ist, hat bereits die ersten Schritte zum Erhalt des Auftrags hinter sich. Er hat sich gegenüber anderen, die nicht vorausgewählt wurden, durchgesetzt.
Beratung	Im Zuge der Beratung kann sich ein Lieferant Alleinstellungsmerkmale sichern. Dies stärkt seine Position.
Verhandlung/Bestellung	In dieser Position sind die Kräfte – letztmals – gleich verteilt. Kunde will kaufen, Lieferant möchte liefern.
Bestellungsannahme	Der Kunde hat bestellt, der Zeitplan läuft. Jede Abweichung zwischen Bestellung und Bestellungsannahme führt zu Störungen, vor allem beim Kunden.
Abnahme	Das Investitionsobjekt ist geliefert und soll genutzt werden. Eine verzögerte Abnahme könnte dies verhindern.
Beanstandung	Das Investitionsobjekt ist weitgehend bezahlt. Dennoch soll der Lieferant noch eine Leistung erbringen.
Wartung/Reparatur	Oft kann nur der Lieferant des Investitionsobjektes die Leistung erbringen. Ohne rechtzeitig geschlossenen Vertrag wird jede Diskussion schwierig.
Entsorgung	Das Investitionsobjekt ist am Ende seiner Nutzungsdauer. Wer hilft, wenn Probleme bei der Entsorgung auftreten? Der Lieferant? Auf welcher Basis?

Abbildung 5: Beispiele zur Einschätzung des Einflusses

Der Ablauf lässt sich auch mittels der Portfolio-Analyse beschreiben. Gelingt es rechtzeitig für Wettbewerb zu sorgen, wird die Position des Investitionsobjektes einem Hebelprodukt entsprechen. Für die Erbringung der Leistung kommen viele potenzielle Lieferanten infrage. Dies bedeutet für den Kunden eine komfortable Situation. Er kann zwischen vielen möglichen Anbietern auswählen, die im Wettbewerb in Technologie und Preis zu einander stehen.

Dies ändert sich spätestens bei der Auswahl der Lieferanten für eine konkrete Anfrage. Die Anzahl der potenziellen Lieferanten wird dramatisch reduziert. Wer hier nicht dabei ist, hat mit sehr hoher Wahrscheinlichkeit keine Chance mehr. Die Position nähert sich der Situation für Schlüsselprodukte, oder hat sie bereits erreicht. Dies hat sich in jedem Fall ereignet, wenn es zur Verhandlung kommt. Hier werden nur noch sehr wenige eine Chance bekommen. Die Anderen sind aussortiert.

Nach dem Vertragsabschluss zum Investitionsobjekt senkt sich der Kundeneinfluss auf das Niveau von Engpassprodukten. Statt des erheblichen Investitionswertes geht es jetzt nur noch um die Nachsorge. Nur der Lieferant des Investitionsobjektes kann diese erbringen. Zumindest ist dies sehr häufig der Fall, wenn es um Wartung, Reparatur und Ersatzteile geht. – Der Kunde ist zum Antragsteller geworden.

Per Definition können Investitionsobjekte keine unkritischen Produkte im Sinne der Portfolio-Analyse sein. Dies mag allenfalls auf GWG (geringwertige Wirtschaftsgüter) zutreffen, die jedoch nicht im Mittelpunkt dieses Buches stehen.

Die folgende Abbildung stellt den Zeitablauf im Sinne der Portfolio-Analyse dar.

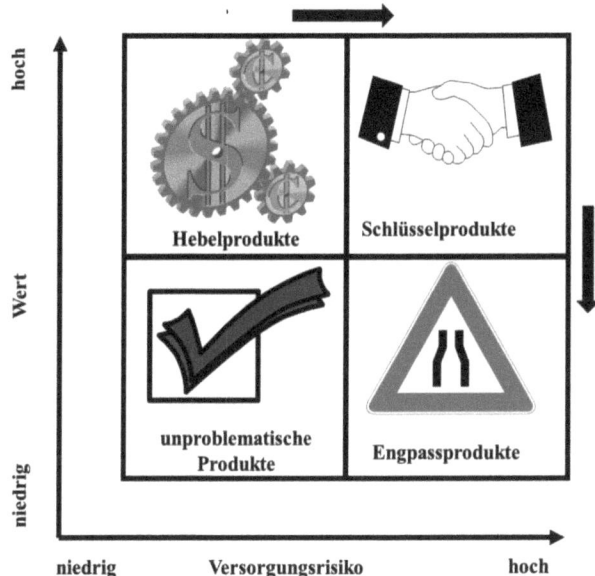

Abbildung 6: Kräfteentwicklung in der Portfolio-Analyse

Vor diesem Hintergrund muss es im Interesse des Kunden liegen, möglichst viele entscheidende Details in einer für ihn passenden Phase zu generieren. Vorzeitige Bindungen sind zu vermeiden. Auf der anderen Seite müssen bei Vertragsabschluss bezüglich der eigentlichen Investition auch die Vereinbarungen bezüglich der Folgekosten (z. B. Wartung, Reparatur, Ersatzteile, usw.) zumindest hinreichend vorgeklärt sein. Auch unter diesen Aspekten ist die Einbindung des Einkaufs in Investitionsvorhaben schon zu einem möglichst frühen Zeitpunkt angezeigt.

2. Bedarfserkennung

2.1 Aktuelle Praxis

Die Bedarfserkennung muss als der erste kritische Punkt angesehen werden. Es soll Fälle geben, in denen der Einkauf zur Verhandlung eingeladen wird, wenn mit dem ausgewählten Lieferanten bereits alle technischen Details geklärt sind. Es geht dann „nur noch" um das Ausformulieren des Vertrages. Vielleicht sind die kommerziellen Eckpunkte bis dahin auch schon abgesprochen.

Aus Sicht des Einkaufs mag dies ein Horrorszenarium sein. Aus Sicht des Verkäufers ist das eher eine ideale Situation. Wenn man sich vor Augen führt, dass es sich zunächst einmal um ein Einmal-Geschäft handelt, ist dies verständlich. Rücksichtnahme auf eine spätere Zusammenarbeit spielt eine eher untergeordnete Rolle.

Die funktionsübergreifende Zusammenarbeit wird bei dem Beispiel auf der Strecke bleiben. Das eigene Kästchen wird ausgefüllt, und das Ergebnis über die Grenze ins Dunkle geworfen. Der eine Teil ist getan, jetzt kommt der Andere.

Häufig ist auch der Wunsch nach Schnelligkeit Auslöser für einsame Aktionen. Eine Investition wird vorangetrieben bis „nur noch die Bestellung" fehlt. Ungestört und ungehindert kann man schneller arbeiten. Dies ist mitunter die Meinung von Investoren. Sie wollen das Beste. Die Zusammenarbeit bleibt dabei auf der Strecke.

2.2 Fallweise Information durch den Investor

In anderen Unternehmen wird Zusammenarbeit geübt. Investoren nehmen von sich aus mit dem Einkauf Kontakt auf. Ein gemeinsames Vorgehen wird abgestimmt. Meist kommt es zu einer Arbeitsteilung zwischen den Beteiligten.

Diese Vorgehensweise erscheint sehr effektiv. Die Situation sollte vom Wunsch nach Zusammenarbeit und von Vertrauen geprägt sein. In der optimalen Konstellation schätzen sich die Beteiligten und nutzen die Fähigkeiten des jeweils anderen zum gemeinsamen Erfolg.

Kritisch an dieser Situation kann die Zufälligkeit sein. Schließlich und endlich entscheidet der Investor über den Zeitpunkt zu dem der Einkauf in die Abläufe, in das Management der Investition einbezogen wird. Oft ist das weder der optimale noch der frühestmögliche Zeitpunkt. Zeit und Kraft können verschwendet werden.

2.3 Vorabinformation durch Finanzabteilung

Investitionen fallen in aller Regel nicht vom Himmel. Sie werden vielmehr langfristig geplant. Schließlich sollen sie doch auch für lange Zeit einen positiven Beitrag zum Unternehmenserfolg erbringen.

Zumindest größere Investitionen werden ihren Niederschlag schon im Investitionsplan finden, der jährlich erstellt wird. Großinvestitionen werden mit noch größeren Vorläufen geplant. Selbst kleinere Vorhaben und GWG werden in Sammelpositionen erfasst. Hierbei wird auch die Unternehmenshierarchie abgebildet. Investition und Investor sind benannt. In der Praxis beantragt der künftige Investor, die Finanzabteilung (Controlling) prüft und die Geschäftsleitung genehmigt.

Meist hat die Aufnahme in den Investitionsplan vorläufigen Charakter. Eine weitere Genehmigung ist erforderlich, wenn im Laufe des Planungszeitraums das Investitionsvorhaben tatsächlich ansteht. Auch hier ist wieder der Ablauf vom Investor zur Finanzabteilung und führt – im Regelfall – zur Genehmigung durch die Geschäftsleitung. Je größer das Unternehmen ist, je komplexer kann das Genehmigungsverfahren sein.

Wenn die Abläufe sich so gestalten, kann es eine Querinformation von der Finanzabteilung an den Einkauf geben. Dieser kann sich dann rechtzeitig in das Verfahren einbringen. Eine zu späte Information kann verhindert werden.

Muss ein solches Verfahren angezeigt sein, wenn die Information seitens des Investors an den Einkauf immer wieder zu spät erfolgt? Schließlich sind doch Finanzabteilung und Einkauf dafür verantwortlich, dass nicht zu viel Geld ausgegeben wird.

In jedem Fall ist eine enge Kooperation mit dem Investor erforderlich. Überzeugen durch Kompetenz hilft mehr als Konfrontation. Keiner der Beteiligten beabsichtigte Schlechtes für das Unternehmen. Es gilt vielmehr eine Basis für die jetzt erforderliche Kooperation zu finden und Besseres für die Zukunft zu schaffen.

2.4 Optimale Lösung

Gibt es eine optimale Lösung? Überfahren des Einkaufs kann nicht optimal sein. Die Zufälligkeiten einer fallweisen Information klingen ebenfalls nicht wirklich optimal. Betrachtet man die Querinformation durch die Finanzabteilung an den Einkauf, so scheint hier viel Misstrauen im Spiel zu sein. Geregelte und professionelle Abläufe sehen anders aus. Das Muster einer Verfahrensanweisung ist in Abbildung 7 dargestellt.

Objekt:
Die Anforderung und Beschaffung von Investitionsobjekten (und Instandhaltungsleistungen) mit dem Ziel einer optimierten Abwicklung durch funktionsübergreifende Zusammenarbeit.

Geltungsbereich:
Diese Verfahrensanweisung ist gültig für das gesamte Unternehmen mit allen Abteilungen, Fertigungsstellen und Außenbüros.

Vorgehensweise:
Investitionen/Instandhaltungen sind – soweit sie nicht zwangsläufig kurzfristig erfolgen **müssen** (z. B. Produktionsstörung) – im Vorfeld und im Rahmen des jährlichen Budgetierungsprozesses zu planen (Verfahrensanweisung Budgetierung).

Alle Bestellanforderungen von Investitionen/Instandhaltungen sind zu begründen.

Hinsichtlich der Begründung von Investitionen ist die Beantwortung der nachfolgenden Fragestellungen erforderlich:

- „Was" soll gekauft werden?
- „Welche" Lieferanten kommen infrage?
- „Wann" soll das Investitionsobjekt verfügbar sein?
- „Warum" soll das gekauft werden?
- „Wie viel" kann durch diese Lösung gespart werden?
- „Worin" könnten Alternativen bestehen (zum Beispiel Outsourcing)?

Bei Investitionen < 5 k€ reicht es aus, etwaige Einsparungen zu beziffern, Investitionen > 5 k€ sind mit einer Amortisationsrechnung zu belegen. Bei allen Investitionen/Instandhaltungen > 5 k€ ist die Vorgehensweise frühzeitig mit dem Einkauf abzustimmen.

> Bedarfsbeschreibungen (Lastenheft) sind grundsätzlich von Bedarfsträger und Einkauf gemeinsam zu erstellen. Notwendige Detailklärungen technischer Aspekte sind durch den Bedarfsträger vorzunehmen. Detailklärungen kaufmännischer Aspekte sind Aufgabe des Einkaufs.
>
> Der Bedarfsträger hat (ebenfalls im Vorfeld) alle notwendigen Unterlagen zur Prüfung der Umwelt- und Betriebssicherheit mit den Sicherheits- und Umweltbeauftragten zu klären.
>
> <u>Anforderungsprozess und Freigaben</u>
> Die notwendige Bedarfsanforderung hat sich an den gültigen Kontierungsrichtlinien zu orientieren. In Abhängigkeit vom Anforderungswert muss die Bedarfsanforderung durch die Unterschriftsbevollmächtigten unterzeichnet werden. Erst nach vollständiger Unterzeichnung der Anforderung darf eine Bestellung erstellt und an den Lieferanten versendet werden (Verfahrensanweisung Unterschriftenregelung).
>
> <u>Mitgeltende Dokumente</u>
> Verfahrensanweisung „Budgetplanung und -erstellung"
> Verfahrensanweisung „Unterschriftenregelung"

Abbildung 7: Verfahrensanweisung Investitionsobjekte (Beispiel)

In einer optimalen Lösung ist die Situation von Vertrauen und dem Wunsch zur Zusammenarbeit geprägt. Dies kommt sicher nicht von allein. Geeignete Strukturen werden diese Zusammenarbeit fördern und Vertrauen schaffen. Solche Strukturen werden nicht Kästchen schaffen, hinter deren Mauern man sich verschanzen kann. Vielmehr werden Abläufe das „Puzzeln" fördern.

Gegenseitige Information und Unterstützung sind gefragt. Dies beginnt bereits weit im Vorfeld einer Investition, zum Beispiel beim Austausch über neue Möglichkeiten und Methoden. Dazu können auch gemeinsame Messebesuche oder der Austausch von Eindrücken hilfreich sein. Make or Buy-Überlegungen (Outsourcing und Insourcing) sollten gemeinsam angestellt werden.

Somit werden bereits die Vorbereitungen zum Erstellen des Investitionsplans als gemeinsame Aufgabe angegangen. Dieser stellt dann für keine Seite mehr eine Überraschung dar. Durch angemessene Vorbereitung sind die Vorschläge / Anträge fundierter und haben dadurch eine bessere Chance auf Genehmigung und Realisierung. Damit wird der Einkauf zum Unterstützer und nicht zum Hemmnis.

Mit diesem Vorgehen ist der Einkauf bereits in die Erarbeitung des Investitionsplans einbezogen. Dies gilt erst recht für den konkreten Investitionsantrag. Eine rechtzeitige und gemeinsame Abstimmung des Vorgehens spart Zeit im Gesamtprozess – wie bei jeder guten Vorbereitung. Dies gilt erst recht für die Vorgehensweise (Ablauf) und den Zeitplan. Dies trägt nicht zuletzt zu einer Stärkung der Position gegenüber den potenziellen Lieferanten bei – im gemeinsamen Interesse.

3. Zeitplan zu einem Investitionsobjekt

Die Planung eines Investitionsprojektes sollte möglichst früh ansetzen. Dazu sollte es konkrete und realistische Vorstellungen zum zeitlichen Ablauf einer Investition geben. Vielleicht kann ein konkreter Zeitplan unter Berücksichtigung der erforderlichen Zwischenschritte und Meilensteine von unrealistischen Vorstellungen zu realistischen Zielen führen.

Ein Zeitplan kann den Charakter einer Checkliste haben. Die einzelnen Schritte werden mit ihrem Zeitbedarf aufgeführt. Wird der Fußpunkt „Start" mit Termin ausgefüllt, ergibt sich der Ablauf fast von allein. Man muss sich „nur noch" an die eigenen Vorgaben halten.

Am besten gelingt die Planung mit einem funktionsübergreifenden Team. Daher kann der Start der Planung gleichgesetzt werden mit der „Teambildung". Hierauf baut sich alles auf. Es empfiehlt sich, weitere Meilensteine zu setzen und die Zwischenräume zu füllen. Mitunter zeigt sich, dass der ursprünglich ins Auge gefasste Termin für die Nutzung des Investitionsobjektes kaum noch zu realisieren ist. Dann sind „zeitsparende Maßnahmen" gefragt. Ob eine Straffung des Zeitplans infrage kommt oder eine Verschiebung der Nutzung die einzige Lösung ist, muss herausgefunden werden, vielleicht eine Kombination von beidem.

Es hilft nicht weiter, die Problematik zu verdrängen. Das Weglassen von Schritten macht die Investition sicher nicht kostengünstiger, kann allenfalls andere, noch ungünstigere Effekte vermeiden. Dies ist im Einzelfall abzuwägen. Auf jeden Fall sind Lehren aus der Situation zu ziehen und zumindest für die Zukunft eine Optimierung anzustreben.

Ein Beispiel für einen Zeitplan für ein Investitionsprojekt ist in Abbildung 8 dargestellt.

Lfd. Nr.	Projektschritt	Zeitbedarf	Termin	Status	Meilenstein
1	**Teamgründung**		21.05.2013	erl.	ja
2	Zeitplan erstellen	1 Tag	22.05.2013	erl.	ja
3	Gründe der Investition		22.05.2013	erl.	
4	Budgetrechnung		22.05.2013	erl.	
5	technische Definition	10 Tage	01.06.2013		
6	Anforderung an die Presse	10 Tage	01.06.2013		
7	**Fertigstellung Lastenheft**		10.06.2013		ja
8	Lieferantenauswahl	14 Tage	15.06.2013		
9	Referenzen	14 Tage	15.06.2013		
10	Ausschreibung		01.08.2013		
11					
12					
13	**Erhalt Pflichtenhefte (Angebote)**				ja
14	Lieferantenbesuche				
15	Angebote der Lieferanten				
16	Angebotsauswertung				
17	Nachbesserung des Angebots				
18					
19					
20	**Vorlage zur Investitionsfreigabe**				ja
21	Investitionsrechnung				
22	Notfallplan				
23	Budgetstellung				
24					
25					
26	**Bestellerteilung**				ja
27	Lieferzeit				
28	Zeitplan Installation				
29					
30					
31	**Beginn Probebetrieb**		30.09.2013		ja
32					
33					
34					
35	**Abnahme/Übergabe**		30.11.2013		ja
36					
37					

Abbildung 8:   Zeitplan für ein Investitionsprojekt (Beispiel)

4. Mögliche Lösungen und Lieferanten

Bereits zu einem frühen Zeitpunkt sind verschiedene Vorentscheidungen zu treffen, die für das Management einer Investition von großer Bedeutung sind. Ein späteres Aufgreifen von Ideen, die im Folgenden aufgeführt sind, würde zu Verzögerungen führen. Diese wiederum führen zu Konflikten. Was ist wichtiger, Zeit oder umfassender Überblick. Werden Überlegungen rechtzeitig angestellt, werden Verzögerungen vermieden, jedoch ein guter Überblick gewährleistet.

4.1 Bedarfsbündelung

Sobald sich ein Bedarf abzeichnet, sollte die Frage gestellt werden, wer einen gleichen oder gleichartigen Bedarf hat oder haben könnte. Bedarfsbündelung führt in aller Regel zu einer Stärkung der Verhandlungsposition gegenüber den potenziellen Anbietern. Dies spielt bei Investitionsobjekten eine mindestens gleich große Rolle wie bei klassischen Einkaufsmaterialien. Dies ist vor allem der Fall, wenn nur eine begrenzte Anzahl von Anbietern am Markt ist.

Wer kommt für eine Bedarfsbündelung infrage? Es beginnt mit dem eigenen Unternehmen. Selbst hier können sich koordinierbare Bedarfe ergeben, die nicht im ersten Moment erkennbar sind. So können zum Beispiel Hebezeuge (Gabelstapler, Hubwagen usw.) von mehreren Abteilungen unabhängig voneinander genutzt und somit auch investiert werden. Gleiches gilt auch für Laptops, Kopierer und Büroeinrichtung. Eine Bedarfsbündelung ist hier sicher Aufgabe des Einkaufs.

Sofern das Unternehmen Teil einer Unternehmensgruppe ist, wird auch hier eine Bedarfsbündelung wichtig. Die einzelnen Unternehmensteile werden dann oft als Profitcenter geführt, die über relative Selbständigkeit verfügen. Eine Koordination auf Einkaufsebene kann durchaus sinnvoll auch auf Investitionen und deren Management ausgedehnt werden. Selbst in global aufgestellten Unternehmen kann es hier Verbesserungsmöglichkeiten geben.

Ein weiterer interessanter Ansatz ist die Koordination über Unternehmensgrenzen hinweg. Befreundete Unternehmen könnten sehr leicht ihre – passenden – Investitionen koordinieren. Es können, müssen aber nicht, Produktionseinrichtungen sein. Verstöße gegen das Kartellrecht sind eher nicht zu befürchten, da einkaufsseitig wohl kaum eine marktbeherrschende Stellung zu erwarten ist, wohl aber eine erhebliche Stärkung der Verhandlungsposition. Die konkreten Verträge können anschließend separat abgeschlossen werden. Damit werden die Risiken aus der Kooperation eingeschränkt.

Informationen über anstehende Investitionen sollten im eigenen Unternehmen einfach über die vorhandenen Informationssysteme (z. B. Investitionsplan) zu ermitteln sein. Im Zweifel hilft eine Umfrage bei den potenziellen Investoren.

In der Unternehmensgruppe sollte eine gemeinsame Informationsplattform vorhanden sein, die eine Zusammenarbeit der einzelnen Einkaufsabteilungen unterstützt. Diese kann auch für den Informationsaustausch bezüglich anstehender Investitionen genutzt werden. Es macht vor allem Sinn, wenn die einzelnen Einheiten eine interne Vorabklärung durchgeführt haben.

Eine besondere Situation ist bei der Zusammenarbeit zwischen befreundeten Unternehmen gegeben. Hier wird es oft nur eine fallweise Zusammenarbeit geben. Daher bleibt es bei der fallweisen Anfrage.

Verbände werden kaum zur gemeinsamen Beschaffung von Investitionen genutzt. Man möchte sich vom Wettbewerb abheben. Hier ist sicher noch Potenzial vorhanden.

4.2   Einschaltung von Beratern

Manche Investitionen kommen häufiger vor als andere. Mit anderen Worten, es gibt Investitionen, die höchst selten vorkommen. Werkzeugmaschinen werden für die mechanische Fertigung relativ regelmäßig beschafft. Schon allein die Ersatzbeschaffung sorgt für einen gewissen Wiederholungsgrad. Es gibt aber auch andere Fälle.

Fragt man eine Gruppe von Einkaufsleitern, wie oft sie im Laufe ihrer Kariere eine Telefonanlage gekauft haben, erklären die weitaus meisten, dass dies noch nie der Fall war. Einige wenige bestätigen einen Kauf. Nur vereinzelt kommt die Information, dass dies bereits zweimal der Fall war. In diesen Fällen liegen zwischen den Käufen viele Jahre. Von einem Wiederholvorgang kann man dann eher nicht sprechen. Die Marktentwicklung und noch mehr die technische Entwicklung haben die ursprünglichen Erfahrungen aufgezehrt. Sie gelten nicht mehr.

Auf der anderen Seite stellt die Investition in eine Telefonanlage bereits bei mittleren Unternehmen eine wesentliche Investition dar. Eine solche darf nicht ohne intensive Vorbereitung getätigt werden. Schließlich soll die richtige Technik zu einem angemessenen Preis verfügbar gemacht werden.

Auf der anderen Seite müssen Aufwand und Ertrag in einem angemessenen Verhältnis stehen. Schließlich ist nicht mit einem Wiederholfall in angemessener Zeit zu rechnen. Daher müssen sich alle Aufwendungen schon bei diesem ersten Vorgang rechnen. Dies beinhaltet unter anderem

- Ermittlung der eigenen – technischen – Bedürfnisse / Erfordernisse
- Aktuelle technische Möglichkeiten (vom Markt)
- Verfügbare potenzielle Anbieter
- Angemessenheit der Kosten (Kosten-Nutzen-Analyse)
- Anfrageerstellung
- Angebotsvergleich
- Lieferantenauswahl
- usw.

Die angemessene Durchführung aller dieser Aufgaben kann ein schwieriges Unterfangen sein, wenn alles in eigener Regie erbracht werden soll. Es darf angezweifelt werden, dass hierbei ein optimales Kosten-Nutzen-Verhältnis machbar ist.

Ein funktionsübergreifender Arbeitskreis (Team) hilft sicher auch nicht wirklich weiter, wenn sich das begrenzte Wissen nicht potenzieren kann. Wenn das im Unternehmen vorhandene Wissen um die Möglichkeiten nicht für eine qualifizierte Entscheidung ausreicht, ist externe Unterstützung von Vorteil. Diese kann aus der Unternehmensgruppe oder von befreundeten Unternehmen erbeten werden. Die klassische Lösung ist jedoch, sich eines erfahrenen Beraters zu bedienen.

4.2.1 Auswahl eines geeigneten Beraters

Ein Berater sollte also stets hinzugezogen werden, wenn es sich um eine nennenswerte Investition handelt, deren Management wegen nicht ausreichenden eigenen Kenntnissen nicht in eigener Regie optimal geleistet werden kann und eine Wiederholung in angemessener Zeit unwahrscheinlich ist. Selbst wenn eine Wiederholung möglich ist, könnten zumindest unkalkulierbare Kosten durch teure Erfahrungen vermieden werden.

Stellt sich, die Frage wie ein geeigneter Berater zu finden ist. Eine Fülle möglicher Kontakte kann zum Beispiel über die KfW-Beraterbörse (https://beraterboerse.kfw.de/index.php) im Internet gefunden werden. Dort ist eine Fülle von Möglichkeiten aufgezeigt. Daraus gilt es den „richtigen" Berater zu finden. Die Auswahl des passenden Beraters wird nicht ohne vorherige Kontaktaufnahme möglich sein. Schließlich sind die Auswahlkriterien vor allem

- hinreichende Erfahrung in der fraglichen Materie
- Erfahrungen nahe am tatsächlichen Objekt
- angemessene Kosten

Referenzen sind also auf jeden Fall als sehr wichtig anzusehen. Im Fall einer Telefonanlage sind belegte Erfahrungen mit Investitionsobjekten (zum Beispiel Werkzeugmaschinen oder Computer) eher nicht ausreichend. Spezialkenntnisse mit Telefonanlagen sind gefragt. Damit ist aber nur die Erfahrung in der fraglichen Materie abgedeckt. Erfahrungen nahe zum tatsächlichen Objekt sind die nächste Hürde.

Die Problematik lässt sich zum Beispiel an einem Betriebsrestaurant erläutern. Ein Berater für die Einrichtung eines neuen Betriebsrestaurants (Mitarbeiterkantine) mag leicht zu finden sein. Ein ins Auge gefasster Berater kann vielleicht mit wohlklingenden Namen aufwarten, die bereits eine durchaus erfolgreiche Beratung erfahren haben. Reicht das aus? Wenn es sich bei den vorherigen Kunden um Banken, Versicherungen und Verwaltungen handelt, klingt dies sehr gut. Können aber die Erfahrungen auf ein Unternehmen übertragen werden, dessen Mitarbeiter in wesentlichem Umfang im Dreischicht-Betrieb tätig sind? Was sind die Unterschiede?

Ob es sich um eine Bank, eine Versicherung oder die Zentrale eines Großunternehmens handelt, die Mitarbeiter kommen morgens zur Arbeit und gehen am späten Nachmittag nach Hause. Es ist daher naheliegend, dass es einen großen Bedarf an Mittagsverpflegung gibt. Anders sieht es aus, wenn 50 % der Mitarbeiter in Wechselschicht tätig sind. Diese Mitarbeiter werden wohl kaum die Vorzüge einer Betriebsverpflegung in Anspruch nehmen. Die Mitarbeiter der Frühschicht werden nach getaner Arbeit nach Hause gehen und dort Essen. Die Mitarbeiter der Mittagschicht werden nach dem Essen zur Arbeit gehen. Die Mitarbeiter der Nachtschicht werden wohl kaum Gelegenheit haben, das Betriebsrestaurant zu nutzen. In der Nacht wird es wohl geschlossen sein.

Erfahrungen mit Verwaltungsorganisationen können also nicht gleichgesetzt werden mit solchen in industriellen Fertigungsbetrieben. Bei der Durchsicht der Referenzen ist also Umsicht mehr gefragt als die Achtung von noblen Andressen.

Selbstverständlich müssen auch die Kosten für den Berater zu den eigentlichen Investitionskosten passen. Es darf aber nicht vergessen werden, dass eine „schlechte Investition" auf jeden Fall vermieden werden muss. Ob man sich ein scheinbar teures Beraterhonorar leisten will oder nicht, muss auch vor diesem Hintergrund gesehen werden.

4.2.2 Beratungsumfang

Der Umfang der benötigten Beratung hängt stark von der Komplexität des Investitionsobjektes einerseits und anderseits vom vorhandenen diesbezüglichen Knowhow auf der anderen Seite ab.

Oft ist der Gegenstand der Investition nur als grober Umriss vorhanden. Um beim Beispiel Telefonanlage zu bleiben, ist diese Beschreibung eher ein Sammelbegriff. Was ist wirklich gefragt? Die Anzahl der anzuschließenden Nebenapparate, direkter Zugriff auf das öffentliche Telefonnetz, Rufumleitungen usw. sind nur ein kleiner Teil der Möglichkeiten, die in Betracht gezogen werden müssen und sollen. Der Berater wird sicherlich noch vieles mehr hinterfragen. Er wird mit seinem Fachwissen nützliche Funktionen vorschlagen und von kostspieligen, aber vielleicht nicht wirklich notwendigen abraten. Der Berater kann also bereits bei der Bedarfsermittlung und -beschreibung maßgeblich mitwirken.

Der Berater wird nicht nur Wissen über die technischen Möglichkeiten haben und vermitteln, sondern wird auch den Markt und die wesentlichen Marktteilnehmer kennen. Vermutlich wird das investierende Unternehmen Namen hören, die ihm vorher unbekannt waren.

Die Anfrageerstellung kann recht komplex sein. Die Anfrage wird auch Erfordernisse für die Zukunft enthalten (z. B. Ausbaufähigkeit). Gleiches gilt für zu erwartende Folgekosten. Hier kann vom Berater fundiertes Wissen erwartet werden, dass sich auf die Feinheiten des Investitionsobjektes bezieht.

Eine Angebotsprüfung (technisch / kaufmännisch) kann sich problematisch gestalten, wenn das Wissen über das Investitionsobjekt begrenzt ist. Daran ändert auch eine perfekt erarbeitete Anfrage nicht viel. Letztlich werden die Angebote von den Anbietern in eigener Regie erstellt. Sie müssen gründlich geprüft und vergleichbar gemacht werden.

Entsprechendes gilt auch für den eigentlichen Angebotsvergleich und die finale Lieferantenauswahl.

Die Vergabeverhandlung muss gut vorbereitet und durchgeführt werden. Es steht zu erwarten, dass die entsprechenden Lieferanten dies sind. Der Sachverstand des Beraters kann sehr gute Unterstützung leisten, die sich später in Euro messen lässt.

Selbst beim Follow up kann die Unterstützung des Beraters sinnvoll sein. Tut das Investitionsobjekt wirklich was es soll, oder liegt eine Vertragsstörung vor?

Der Berater wird also nicht nur einiges Geld bekommen, sondern dafür auch eine Leistung zu erbringen haben. Wie in jedem Fall empfiehlt sich auch hier eine präzise Leistungsbeschreibung und eine ebenso eindeutige Beschreibung des Leistungsumfangs.

4.3 Standardisierung

Schon im Vorfeld einer Anfrage kann Standardisierung eine Rolle spielen. Auch wenn das freie Spiel der Kräfte, des Marktes erhebliche Vorteile bieten kann, eine gewisse Standardisierung sollte zumindest diskutiert werden.

4.3.1 Auswahl des Objektes

Häufig sind Investitionen Ersatz oder Erweiterung bereits vorhandener Investitionsobjekte. In einer solchen Situation können Standardisierungsgedanken in folgende Richtung gehen:

- Gleiche Lieferanten
- Gleiches Equipment
- Gleiche Ersatzteile
- Gleicher Service

Nicht jede Investition muss automatisch zu komplett neuen Marktuntersuchungen führen. Es kann Sinn machen, bei den bisherigen Lieferanten zu bleiben, wenn diese sich bisher bewährt haben. Eine Überprüfung der Angemessenheit der Preise und Bedingungen muss aber in jedem Fall erfolgen. Auch bei naheliegenden Vergabeentscheidungen muss dies sein. Dem Verhalten eines „Haus- und Hoflieferanten" gilt es entgegen zu wirken. Dies ist auch der Fall, wenn diese als „strategische Lieferanten" bezeichnet werden.

Auf der anderen Seite muss beachten werden, dass gleiches Equipment Vorteile bringt. Vorhandene Hilfsvorrichtungen können genutzt werden. Auch müssen die betroffenen Mitarbeiter nicht wieder geschult werden, sondern können ohne Zeitverluste an dem neuen Gerät arbeiten.

Gleiches gilt für Ersatzteile und Service. Im Idealfall können vorhandene Ersatzteile auch für das neue Objekt verwendet werden. Eine Neuanschaffung entfällt. Der Service ist eingespielt und kennt sich aus.

All diese Argumente dürfen aber nicht Grund für Nachlässigkeit sein. Vermutlich wird der betroffene Lieferant genau gleiche Argumente bringen, um Wettbewerb auszuschließen oder zumindest beschränken und die eigene Position zu verbessern.

4.3.2 Detailbeschreibungen

Lieferanten werden in aller Regel ihren Standard anbieten. Diese Komponenten sind vor allem für den potenziellen Lieferanten von Vorteil, sein Standard eben. Das führt dazu, dass diese beim Investor zu Spezialkomponenten generieren. Reihenklemmen und Sensoren sind unterschiedlich. Selbst wenn Drehmaschinen und Stanzmaschinen jeweils nur bei einem Lieferanten bestellt werden, können und werden „gemeinsame Komponenten" wahrscheinlich unterschiedlich sein. Zu nennen wären hier z. B. Reihenklemmen und Sensoren, aber auch die Steuerung.

Eine klare Vorgabe kann dies verhindern. Dies setzt natürlich ausreichende Kenntnisse bezüglich dieser Komponenten voraus. Es lohnt sich, diese zu erwerben. Standardisierung führt zu wesentlich verbesserten Abläufen. Leider geht eine gute Vorbereitung in den Zeitbedarf ein.

4.3.3 Wartungsmaterial und Betriebsstoffe

Spezielles Wartungsmaterial und spezielle Betriebsstoffe haben sicher „spezielle" Preise. Oft sind sie nur beim Lieferanten des Investitionsobjektes zu bekommen. Diesbezügliche Vorschriften setzen Fachwissen voraus. Andernfalls bekommt man zwar einen Standard, aber vielleicht nichts technisch Fortschrittliches. Der Grat ist recht schmal. Komponenten, die in den eigenen Standard aufgenommen werden, sollten kostengünstig und leicht beschaffbar sein. Meist bedingt das eine das andere.

Eine weitere Bedeutung hat hier der Umweltschutz. Die verwendeten Materialien sollten nicht nur langlebig, sondern auch umweltfreundlich sein. Eine Kombination von beidem ist kein Hexenwerk, sondern eine ernstzunehmende Herausforderung.

5. Die Anfrage

Ein zweiseitiger Vertrag, wie er im Zuge eines Investitionsobjektes erforderlich ist, kommt durch Antrag und Annahme zustande. Eine Anfrage ist weder Antrag noch Annahme. Andernfalls würde ein Vertrag bereits mit Erhalt eines Angebotes geschlossen. Vielmehr soll mit einer Anfrage ein Angebot ausgelöst werden. Rechtlich gesehen stellt das (verbindliche) Angebot einen Antrag dar, der mit der Bestellung seine Annahme finden könnte.

Die Anfrage gehört also von der Sache her nicht zum Vertrag. Sie liegt im Vorfeld und dient „lediglich" der Vorbereitung des späteren Vertrages. Dennoch ist die Anfrage für das weitere Vorgehen von erheblicher Bedeutung. Dies gilt sowohl für den Inhalt der Anfrage als auch den Kreis der potenziellen Lieferanten, die eine Anfrage erhalten.

5.1 Bestimmung potenzieller Lieferanten für die Anfrage (Anfragekreis)

Lieferanten, die eine Anfrage erhalten, haben keinen Anspruch auf den Erhalt einer Bestellung. Auf der anderen Seite wird wohl kaum ein Lieferant die Bestellung über das Investitionsobjekt erhalten, der nicht in die Anfrage einbezogen war. Somit sind alle Lieferanten, die keine Anfrage erhalten, faktisch ausgeschlossen. Theoretisch könnten auch nachträglich Lieferanten einbezogen werden. Dagegen spricht jedoch der meist erhebliche Termindruck.

Vor diesem Hintergrund ist die Auswahl der potenziellen Lieferanten auch zum Zeitpunkt der Anfrageerstellung bereits von erheblicher Bedeutung. Versäumnisse können später kaum noch aufgeholt werden.
Für die Auswahl potenzieller Lieferanten kommen verschiedene Quellen infrage. Diese können sein

- Eigene Erfahrungen aus früheren Bedarfsfällen
- Vorschläge des einbezogenen Beraters
- Messen und Ausstellungen und deren Ausstellerverzeichnisse
- Informationsbriefe
- Lieferantenbesuche (sowohl bei Lieferanten des entsprechenden Investitionsobjektes als auch Materiallieferanten, die entsprechende Investitionsobjekte nutzen)
- Fachzeitschriften
- Nachschlagewerke (einschließlich digitaler Medien)

Die Liste möglicher Anbieter sollte umfassend, wenn nicht gar vollständig sein. Wie umfassend sie sein sollte, hängt nicht zuletzt von der Art des Bedarfes und dessen voraussichtlichen Beschaffungswert ab. Mit einem Volumen von vielleicht 1.000 Euro oder gar weniger wird man anders umgehen als mit einem solchen über mehrere 100.000 Euro. Weiterhin wird man mit einer Bauleistung vor Ort anders umgehen als mit einer Leistung, die im Wesentlichen aus einer Lieferung besteht und kaum einer Nachsorge bedarf.

Mit einer simplen Drehmaschine wird man anders umgehen als mit einer Stanzmaschine, bei der die globalen Anbieter über gut ausgebaute Servicenetze verfügen. Es kommt also darauf an.

Eine Anmerkung zu den Fachverbänden ist noch nötig. Diese geben Auskunft zu ihren Mitgliedern. Demzufolge wird ein deutscher Fachverband keine ausländischen Anbieter empfehlen. Dies ist verständlich, muss aber beachtet werden, wenn eine globale Anfrage ins Auge gefasst wird.

Aufgrund der Auflistung möglicher Anbieter wird der tatsächliche Anfragekreis ermittelt. Angemessenheit ist gefragt. Mitunter ist die Auswahl von „präventiver Problemlösung" geprägt. Wer keine Anfrage erhält, wird auch kein Angebot abgeben. Angebote, die nicht vorliegen, müssen nicht von der Vergabe ausgeschlossen werden, und hierzu sind keine schwierigen Begründungen abzugeben. Der Ausschluss solcher potenzieller Lieferanten von der Anfrage muss als leichtfertig angesehen werden. Es wird darauf verzichtet, die Preisuntergrenze zu erfahren. Ob ein solcher Anbieter für eine Vergabe herangezogen wird oder nicht ist eine ganz andere Frage, die zum richtigen Zeitpunkt zu entscheiden ist. Preisgünstige Angebote, die nicht zur Bestellung führen, müssen begründbar sein. Ist dies nicht der Fall, so muss diese Haltung kritisch hinterfragt werden.

In manchen Unternehmen (z. B. der Automobilindustrie) wird die Auswahl der potenziellen Lieferanten als so wesentlich erachtet, dass die Liste der anzufragenden Lieferanten genehmigungspflichtig ist.

5.2 Arten der Anfrage

Anfragen sollen zu aussagefähigen und vergleichbaren Angeboten führen. Weiterhin sollen sie für Kostentransparenz sorgen. Dazu können verschiedene Wege führen. Das Einschränken der potenziellen Lieferanten wie dies bei einer detaillierten Bauausschreibung der Fall ist, muss nicht unbedingt zu einer optimalen Lösung führen. Auf der anderen Seite erschwert eine bloße Funktionsbeschreibung erheblich die Vergleichbarkeit. Die beiden Varianten werden im Folgenden beschrieben.

5.2.1 Detaillierte Anfrage

Im Zuge einer detaillierten Anfrage werden alle technischen Details aufgeführt. Ein typisches Beispiel ist die Ausschreibung zu einem Bauprojekt. Hierzu werden alle Einzelheiten genau beschrieben und mit Mengen aufgeführt. Ein Angebotsvergleich kann sich im Wesentlichen auf eine rechnerische Zusammenfassung beschränken.

Die kaufmännischen Bedingungen werden ebenfalls vorgegeben. Ein Vergleich von verschiedenen Bedingungen aus den Angeboten kann daher oft unterbleiben, da in dieser Beziehung bereits eine Vergleichbarkeit gegeben ist.

Die Anbieter sind aufzufordern, alle Abweichungen besonders zu kennzeichnen und zu begründen. Gerade letzteres ist wichtig.

> Für den Wareneingang wird ein Gabelstapler benötigt. Dieser soll im Wesentlichen Gitterboxen auf engem Raum bewegen.
>
> **1 Gabelstapler (Wareneingang)**
>
> - Hubleistung 1,5 t
> - Hubhöhe 2,5 m
> - Gabellänge 1 m
> - Wendekreis 2 m
> - Nutzungsdauer 10 Std./Tag
> - Elektroantrieb
> - Blei-Batterie, wartungsfrei
>
> **1 Ladestation zu obiger Position**
>
> - Wiederaufladung innerhalb 8 Std.
> - Elektronischer Überlastungsschutz
>
> **Pauschale Wartung/Reparatur über 5 Jahre**

Abbildung 9: Detaillierte Anfrage (Beispiel)

Auf diese Anfrage sollte es Angebote verschiedener Hersteller geben. Die technischen Anforderungen sind neutral und nicht auf einen bestimmten Anbieter ausgelegt. Auf der anderen Seite sind die technischen Anforderungen auf Basis der räumlichen Gegebenheiten eindeutig beschrieben.

Mitunter wird die technische Beschreibung eines potenziellen Lieferanten neutralisiert und als Angebot verwendet. Davor muss dringend gewarnt werden. Kaum zwei Hersteller bieten ein vorständig gleiches Produkt an. Diese unterscheiden sich eben nicht nur durch Typenschild und Farbgebung.

5.2.2 Anfrage als Funktionsbeschreibung

Investitionen werden nicht im luftleeren Raum vorgenommen. Sie sollen einem mehr oder weniger bestimmten Zweck dienen. Statt einer technischen Vorgabe wird beschrieben, was mittels der Investition bezweckt werden soll.

Eine andere interessante Möglichkeit, eine Anfrage zu generieren, ist vor diesem Hintergrund eine Funktionsbeschreibung. In der Anfrage wird die Aufgabe des Investitionsobjektes beschrieben. Die technische Beschreibung des Investitionsobjektes, also die Lösung der Aufgabe ist mit dem Angebot zu beschreiben. Ein Beispiel ist in Abbildung 10 dargestellt.

---

1 Drehmaschine (mechanische Fertigung)
- Fertigung folgender Bauteile (Jahresbedarf)
    - 10.000 St. Antriebsgehäuse nach Zg. XYZ 30-702-02
    - 25.000 St. Deckel XYZ 401-904-01
    - 15.000 St. Rohrverbindung XYZ 402-186-05
- Auslastung max. 2-schichtig (5 Tage/Woche)
- Kühlflüssigkeit „Wassermilch" (automatische Versorgung)
- Energie 360 V – keine Druckluft usw.

Aufnahmevorrichtungen für obige Bauteile
- manuelle Bestückung
- hydraulische Spannung

Service-Vertrag über 5 Jahre (Pauschale)

Abbildung 10:   Anfrage als Funktionsbeschreibung (Beispiel)

Mit dieser Form der Anfrage wird dem jeweiligen Anbieter weitgehend freie Hand gelassen, wie er das vorgegebene Problem lösen will. Mit dem Angebot soll nicht nur das Investitionsobjekt angeboten werden. Es sollen auch Informationen über die Bearbeitungszeiten je Bauteil und der Umbauzeiten von einem Bauteil zum nächsten angegeben werden.

Diese Form der Anfrage führt zu verschiedenen Angeboten, deren Vergleichbarkeit eine Herausforderung sein wird. Hierauf sollte man sich bereits bei der Erarbeitung der Anfrage einstellen. Kriterien für den Vergleich sind aufzuführen. Andernfalls werden sie in den Angeboten vielleicht fehlen und müssen gesondert nachgefragt werden.

5.2.3 Anfrageinhalt

Eine qualifizierte Vorbereitung der Anfrageaktion erleichtert die spätere Entscheidungsvorbereitung und Entscheidung. Dies spiegelt auch der Inhalt der Anfrage wieder.

Wie bereits aufgeführt, stellen die Einzelheiten zu den Investitionsobjekten bzw. die Einzelheiten zu den Funktionen ein Kernstück der Anfrage dar. Würden jedoch nur diese Gegenstand der Anfrage sein, würde jeder Anbieter die Bedingungen nach Gutdünken wählen.

Eine Spezifikation der kaufmännischen Details ist ebenso wichtig. Dazu gehören

- Gewünschter Erfüllungstermin
- Erfüllungsort
- Zahlungsmodalitäten
- Gewährleistung
- Vertragsstrafen
- Rechtliches Umfeld

Sofern eine Montage vor Ort erforderlich ist, sind auch hierzu die gewünschten Einzelheiten zu definieren

- Umfang der Leistung
- lokale Hilfestellung
- Haftungsausschlüsse

Weiterhin sind die Rahmenbedingungen aufzuführen. Diese können zum Beispiel sein

- Arbeitssicherheitsanforderungen
- Umweltbedingungen
- Technische Verfügbarkeit

Eine Investition ist mit der Übernahme des Investitionsobjektes längst nicht abgeschlossen. Dann beginnt der Betrieb – mit allen seinen Problemen über die Zeit. Über die Folgekosten sollte man sich rechtzeitig klar sein. Daher sind auch in dieser Beziehung Anforderungen / Fragen in das Angebot aufzunehmen, und zwar

- Energiebedarf
- Betriebsmittel
- Service / Reparatur
- Ersatzteile
- Entsorgung
- usw.

Auf die einzelnen Punkte und deren Besonderheiten wird im Verlauf dieses Buches noch näher eingegangen.

Mitunter wird angenommen, dass alle diese Punkte möglichst lange zurück gehalten werden sollten. Man erwartet einen Überraschungseffekt während der Verhandlung. Diese Annahme kann leicht zum Nachteil gereichen, wenn Gesprächspartner gut vorbereitet ist. Und davon ist auszugehen!

Wenn alle Details bereits bei der Anfrage bekannt sind, kann sich kein Anbieter darauf zurückziehen, dass solche Wünsche nicht bekannt waren, nicht kostenneutral sind und daher „leider" zu einem höheren Preis führen. Zu dem Zeitpunkt ist der eigene Einfluss bereits eingeschränkt. Die Anbieter sind nur noch bedingt und mit erheblichem Zeitaufwand austauschbar. Besser erscheint es, von vorn herein gut vorbereitet zu sein und Überraschungen zu vermeiden, nicht zuletzt eigene.

Angebote sollten für den Anfrager stets kostenlos sein, auch wenn sie für den Anbieter aufwändig zu erstellen sind. Kostenpflichtige Kostenvoranschläge sind zu vermeiden.

Weiterhin darf die Angebotsgültigkeit kein Zufall sein. Sie sollte zu dem Bedarfstermin passen und noch Sicherheit beinhalten. Wer möchte schon eine Verhandlung beginnen, in der zunächst einmal die Gültigkeit des vorliegenden Angebotes zu diskutieren ist.

5.2.4 Technische Änderungen

Änderungen im Verlauf des Prozesses sind möglichst zu vermeiden. Letztlich führen sie zu Überraschungen und Zeitverzögerungen. Daher ist eine umfassende Klärung bereits vor der Anfrage erforderlich. Nur dadurch lassen sich Änderungen vermeiden. Warum sind Änderungen als kritisch zu betrachten?

- Spätere Änderungen sind außerhalb der eigenen Kontrolle.
- Sie sind zu vermeiden
  - nach vorliegendem Angebot
  - während der Vergabeverhandlung
  - nach geschlossenem Vertrag.

- Mögliche Risiken sind
  - höhere Kosten
  - Verspätungen
  - Verlust von Rechten (z. B. Lieferverzugsstrafe)

Je mehr über das Investitionsobjekt und den Anbieter bekannt ist, je besser sind die Preise / Kosten zu verstehen und zu verhandeln. So wird ein partieller Preisvergleich durch eine entsprechende Anfrage erleichtert. Es macht daher Sinn, ein detailliertes Angebot mit definierten Einzelheiten zu verlangen. Auch wenn eine Aufteilung des Investitionsobjektes nicht möglich ist, so wird durch die Transparenz die eigene Position gestärkt.

5.2.5 Referenzen

Nicht jeder ausgewählte potenzielle Anbieter ist hinreichend bekannt. Daher macht es Sinn, Referenzen zu erbitten. Der bloße Hinweis auf Referenzen wird nicht unbedingt zu der gewünschten Klarheit sorgen. Es macht daher Sinn, den Inhalt der Referenzen zu beschreiben.

Diese sollten beinhalten

- Beschreibung des Objektes
- Zeitpunkt der Leistungserbringung
- Kunde
- Kontaktinformationen

Bei der internen Diskussion kann auch schon eine eigene Referenz betrachtet werden. Referenzkunden werden in aller Regel besonders gut behandelt. Darauf wird im Abschnitt 11.3 näher eingegangen.

5.2.6 Standardbedingungen für Investitionen

Die Beachtung der aufgeführten Punkte erscheint aufwändig. Auf der anderen Seite muss die Vorbereitung nicht zu jedem Investitionsobjekt neu geleistet werden. Einmal gut vorbereitete Standardbedingungen können eine wesentliche Erleichterung sein. – Die Gefahr, eine Einzelheit zu übersehen, ist dann ebenfalls geringer. Standardbedingungen könnten z. B. enthalten:

- Anschlüsse
  - Strom
  - Wasser
  - Druckluft
- Zuleitung
  - Von oben
  - Von unten
- Umweltansprüche
  - Max. Geräuschpegel
  - Verwendetes Material
  - Betriebsstoffe
- Liefer- und Zahlungsbedingungen
- Gewährleistung
  - Dauer
  - Umfang
- Übernahmeprozedur
- Verwendung von Standard- und Normteilen
  - Im Investitionsobjekt (z. B. Dichtungen, Lager)
  - Bei Betriebsstoffen (Öle, Fette usw.)

Diese Standardbedingungen müssen nicht unbedingt die Form einer Anlage zur Anfrage bzw. später zur Bestellung haben. Unter Umständen macht es mehr Sinn sie im Sinne einer Checkliste zu verwenden und als Textbausteine für die jeweiligen Dokumente zu verwenden.

5.2.7 Anfrageverfolgung

Wer anfragt, sollte auch Interesse am Erhalt aussagefähiger Angebote haben. Dazu gehört, dass der gewünschte Abgabetermin den Anbietern genügend Zeit für die Erarbeitung eines qualifizierten Angebotes bietet.

Das Eintreffen der Angebote wird nachgehalten. Bei aller Neugier kann es Sinn machen, die Angebote bis zum Erreichen des Abgabetermins unter Verschluss zu halten, vielleicht gar in verschlossenem Umschlag.

Liegen zum Abgabetermin von einzelnen Anbietern noch keine Reaktionen vor (Angebot oder Absage), macht eine Mahnung Sinn. In aller Regel wird dann eine Nachfrist notwendig sein. Dies führt zwangsläufig zu einer Verzögerung im Ablauf. Wenn dies vermieden werden soll, können die Anbieter vor Ablauf der Abgabefrist erinnert werden.

Insbesondere bei komplexen Anfragen und erheblichen Werten, werden sich Rückfragen der Anbieter einstellen. Diese sind in jedem Fall ernst zu nehmen. Wie mit den Fragen umgegangen wird, richtet sich nach dem Inhalt der Fragen – nicht nach dem Anbieter.

Verständnisfragen verdienen eine ehrliche Antwort. Sie können sich beziehen auf

- technischen Inhalt
- Bedarfsbeschreibung
    - mögliche Alternativen dazu
- vorgegebene Bedingungen
    - mögliche Alternativen dazu
- Vergabeprozedur

Andere Fragen sind höflich, aber bestimmt zurück zu weisen. Diese können sich zum Beispiel beziehen auf

- angefragte Wettbewerber
- vorliegende Angebote (Wettbewerbspreise und -bedingungen)
- Preiserwartung / Budget

Fragen dieser Art sollen dem jeweiligen Anbieter (Fragesteller) einen Vorteil gegenüber seinen Wettbewerbern verschaffen. Dies kann aber nicht im Sinne des investierenden Unternehmens sein. Wettbewerbseinschränkungen mögen vielleicht zunächst gegen die Wettbewerber gerichtet sein, schaden aber auch und vor allem dem Kunden.

6. Lastenheft und Pflichtenheft

Eine besondere Form der Bedarfserkennung (Klärung), Anfrage und des Angebotes stellt die Vorgehensweise mit Lastenheft und Pflichtenheft dar. Durch diese Vorgehensweise befassen sich die internen Prozessbeteiligten (z. B. Investor und Einkauf) schon frühzeitig mit dem, was tatsächlich gebraucht wird, welche Rahmenbedingungen zu berücksichtigen sind und beziehen die potenziellen Anbieter in diese Überlegungen ein.

6.1 Lastenheft als Basis der Bedarfsermittlung

Im Lastenheft legt der Investor den Bedarf dar. Hierbei wird zwischen „muss" und „kann" unterschieden. Dies eröffnet die Möglichkeit darzustellen, was auf jeden Fall benötigt wird und was gerne gesehen würde (nice to have). Damit unterscheidet sich diese Vorgehensweise wesentlich von einer klassischen Anfrage. Dort wird meist der „Idealfall" (also die optimale technische Lösung) vorgegeben. Alternativen sind in aller Regel nicht vorgesehen.

Der technische Teil des Lastenheftes wird ergänzt durch den kaufmännischen / juristischen Teil, der in aller Regel durch den Einkauf formuliert wird. Die Vorgehensweise ist entsprechend dem technischen Teil. Demzufolge wird die Maximallösung durch eine Minimallösung ergänzt. Die Abstimmung was tatsächlich zum Tragen kommt, bleibt im Zweifel der Vergabeverhandlung (mit mehreren Anbietern) vorbehalten.

Ein Beispiel für ein Lastenheft ist in Abbildung 11 dargestellt.

| \multicolumn{5}{c}{**Lastenheft für eine Presse**} |
lfd. Nr.	Anforderung	Kenngröße	Pflicht	Wunsch
1	geplant für Bolzen mit einer Gesamtmenge von 11 Mio. Stück Bauteil X und 5 Mio. Stück Bauteil Y		x	
2	Betrieb: 7 Tage Woche mit 3 Schichten		x	
3	Platzbedarf < 5 x 3 m, max. Höhe 3 m		x	
4	Verwendung von vorhandenen Werkzeugen gem. Anlage		x	
5	Ersatzteilversorgung > 10 Jahre		x	
6	Energieaufnahme < 10 kW		x	
7	Betrieb ausschließlich elektrisch		x	
8	24 Std. vor Ort Service bei Ausfall		x	
9	Maschinenverfügbarkeit > 98 % gem. VDI 3424		x	
10	Störungsfreier Betrieb bei 15° - 45°C		x	
11	Dokumentation auf DVD			x
12	Pressdruck variabel > 100 t		x	
13	Nachweis der CE Konformität		x	
15	Incoterms Definition (Aufstellung und Inbetriebnahme vor Ort) DDP			x
16	Vorabnahme beim Lieferanten		x	
17	Maschinenfarbe (RAL 5010)		x	
18	Endabnahmen der Maschine beim Kunden im Serienbetrieb		x	
19	Schulung Instandhaltung und Bediener beim Kunden		x	
20	36 Monate Gewährleistung bei 3-Schichtbetrieb, 15 Schichten in der Woche, keine Ausnahme für „Verschleißteile"		x	
21	Dauerhafte Kennzeichnung aller Anschlüsse mit Angabe von Art und Menge		x	

22	Deutsches Recht, Gerichtsstand Irgendwo		x	
23	keine Arbeitsgefährdenden Stoffe nach Arbeitsschutzrichtlinien		x	
24	ergonomisches Arbeiten		x	
25	Sicherheitseinrichtungen für Bediener und Einrichter gemäß Norm		x	
26	Projekt FMEA durchführen			x
27	Zuführeinheit vom Hersteller bereitstellen			x
28	Zahlung nach Inbetriebnahme		x	
29	Maschinentypenschild angebracht		x	
30	Lieferzeit < 3 Monate			x
31	Preise netto in Euro			
32				
33				
34				

Abbildung 11: Lastenheft zur Anfrage (Beispiel)

Die Erarbeitung eines Lastenheftes erfordert einige Disziplin. Eine Verfahrensanweisung, die für das gesamte Unternehmen gilt, ist sinnvoll. Nur dann besteht eine reelle Chance, dass sich alle Beteiligten an die gleichen und gemeinsamen Regeln halten. Ein Beispiel hierzu kann Abbildung 12 entnommen werden.

Ziel und Zweck

Diese Verfahrensanweisung regelt die Vorgehensweise bei der Beschaffung von Investitionsobjekten, der Erstellung des Lastenheftes sowie der Abnahmeprüfung und Inbetriebnahme.

Geltungsbereich

Der Inhalt dieser Verfahrensanweisung ist in allen Abteilungen der Verbraucher AG anzuwenden.

Verantwortliche Funktionsbereiche = Verteiler

Über die Beschaffung von Investitionsobjekten entscheidet die Geschäftsleitung. Für die Festlegung und Freigabe des Lastenheftes ist die Leitung des anfordernden Bereiches zuständig.

Begriffe

> **Investition:** Investition erfasst alle Wirtschaftsgüter (WG), die eine Nutzungsdauer > 1 Jahr besitzen. Darin enthalten sind auch Software, Lizenzrechte und Patente. Investitionen haben einen Anschaffungswert <1.000 € (z.B. neue Anlagen inkl. Installation und Inbetriebnahme, neue Gebäude, Grundstücke usw.).
>
> **Projekte:** Projekte sind abteilungsübergreifende Aufgaben, die einmalig sind oder gelegentlich durchgeführt werden. Sie dienen der Werterhaltung eines Objektes oder der Erhöhung der Wirtschaftlichkeit des Betriebes (z.B.: Umsetzung von Maschinen, Entwicklung neuer Produkte usw.). Sie sind genehmigungspflichtig, wenn die Gesamtkosten mehr als 2.500 € betragen.
>
> **Lastenheft:** Gesamtheit an Forderungen, die durch den Auftraggeber festgelegt wird (Intern).
>
> **Pflichtenheft**: Umsetzung des Lastenheftes in für den Auftragnehmer erfassbare Größen (Extern).
>
> **AGB**: Allgemeine Geschäftsbedingungen

Beschreibung der Abläufe

Die Bereichsleitung prüft in Abstimmung mit der Geschäftsführung den Bedarf für Neuanschaffungen bzw. Erneuerungen von Maschinen, Anlagen oder sonstigen Investitionsobjekten. Die notwendigen Investitionen werden jährlich in einem Investitionsplan aufgenommen. Investitionen werden mit Antragsformular an das Controlling gemeldet. Controlling prüft den Antrag und legt ihn zur Genehmigung der Geschäftsführung vor. Die Bereichsleitung stimmt mit den Herstellern der Investitionsobjekte den Leistungsumfang ab. Das Lastenheft ist Bestandteil der Angebotseinholung bei den potenziellen Herstellern bzw. der Auftragsvergabe. Es ist Grundlage für die ggf. stattfindende Vorabnahme der Maschine oder Anlage im Herstellerwerk, sowie für die Endabnahme bei der Verbraucher AG. Aus dem Lastenheft wird bei Auftragsvergabe in Zusammenarbeit mit dem Einkauf ein Pflichtenheft erstellt. Es ist notwendiger Bestandteil des Auftrags. In allen Verträgen sind die derzeit gültigen AGB's der Verbraucher AG einzubinden.

Abbildung 12: Verfahrensanweisung Erstellung eines Lastenheftes (Beispiel)

6.2 Pflichtenheft als Angebot

Aufgrund des Lastenheftes erstellen die Lieferanten Pflichtenhefte, die den Charakter von Angeboten haben. Im Pflichtenheft wird ausgeführt, was im Sinne des Lastenheftes möglich ist und die entsprechenden Kosten (Preise) sind.

Da die Pflichtenhefte der Lieferanten die gleiche Grundstruktur wie das Lastenheft haben, hält sich der Aufwand für den Angebotsvergleich in vertretbaren Grenzen.

7. Angebotsvergleich und -auswertung

Vergabe nach (offensichtlicher) Angebotslage macht bei üblichen Lieferungen und Leistungen schon wenig Sinn. Bei Investitionen ist sogar besondere Umsicht erforderlich. Es beginnt mit einer technischen Auswertung, der sich eine kaufmännische Auswertung anschließt. Hernach kommt die Bewertung der Angebote.

7.1 Technische Auswertung

Im Zuge der technischen Auswertung wird festgestellt, ob das jeweilige Angebot aus technischer Sicht infrage kommt. Dazu gehört auch eine Prüfung auf Vollständigkeit und Korrektheit. Weiterhin werden technische Vor- und Nachteile der verschiedenen Angebote bewertet. Im Einzelnen werden folgende Fakten betrachtet:

- Eignung für den vorgesehenen Zweck
- Funktionalität
- Präzision
- Flexibilität
- Nutzungsdauer
- Alternativen
- Produktionsprinzip
- Qualität und Kompetenz
- Fortschrittliche Technologie
- Betrieb
- Verfügbarkeit
- Maßnahmen am Ende der Nutzungsdauer
    - Schrott
    - Wiederverwendung
    - Verkauf
    - Entsorgung

Klärung und Bewertung von Mehr- und Minderwert sind stets gemeinsame Aufgabe von Investor und Einkauf. Bewertungen sind stets „erklärungsbedürftig". Sie müssen erklärbar und nachvollziehbar sein.

7.2 Kaufmännische Auswertung

Die kaufmännische Auswertung wird vorrangig Aufgabe des Einkaufs sein. Auch dabei ist jedes Versteckspiel zu vermeiden. Wer erwartet, technische Unterschiede verständlich erklärt zu bekommen, muss sich bei den kaufmännischen Unterschieden entsprechend verhalten.

Im Einzelnen werden folgende Fakten zu betrachten sein:

- Vergleichbarkeit der Preise herstellen
- Fremdwährungen umrechnen
- Einzelpreise betrachten
    - Funktionen
    - Komponenten
- Nachlässe und Aufpreise harmonisieren
- Zahlungsbedingungen rechnerisch harmonisieren
- Transportkosten rechnerisch harmonisieren
- Boni und Skonti berücksichtigen
- Zeitachse berücksichtigen (z. B. Lieferzeit)
- Gegengeschäfte / Kompensation
- Verpackung nach Art und Kosten (einschl. Handling und Entsorgung)
- Folgekosten (z. B. Betriebskosten)

Beim Angebotsvergleich zeigt sich die Qualität der Anfrage. Wenn viele Unklarheiten bestehen und eine Reihe Rückfragen bei den Anbietern notwendig sind, war die Anfrage wahrscheinlich nicht klar genug. Diese haben sicher nicht etwa klare Wünsche ignoriert, sondern Freiräume in eigener Entscheidung genutzt.

7.3　Prüfung von Referenzen

Zusammen mit dem jeweiligen Angebot sollte auch eine Referenzliste vorgelegt worden sein. Der Überprüfung der Referenzliste kommt erhebliche Bedeutung zu. Damit lassen sich Erkenntnisse gewinnen bezüglich

- Erfahrung und Kompetenz des Anbieters
- Zufriedenheit der bisherigen Kunden

Wichtig ist, dass der Anbieter Referenzen beibringt, die nahe dem Investitionsobjekt sind. Damit ist nicht die geografische Nähe gemeint. Es geht vielmehr um die Vergleichbarkeit. Wenn ein namhafter Maschinenhersteller sowohl Laserschneid- als auch Stanzmaschinen herstellt, sind vor allem die Referenzen entsprechend dem Investitionsobjekt interessant. Wenn in eine Laserschneidmaschine investiert werden soll, nutzen Aussagen zu Stanzmaschinen dem Kunden nur bedingt.

Wichtig ist die Information über Kontaktpersonen. Mit direkter Kontaktaufnahme können auch Informationen zur Betreuung nach dem Kauf und der Lieferung verfügbar gemacht werden. Vielleicht fragt man sich über den angegebenen Kontakt weiter durch.

Zu den interessanten Themen aus einer Referenz gehören z. B. Informationen über die Vertragsabwicklung. Lief alles unproblematisch ab? Vielleicht ist es gut zu wissen, ob der Lieferant – leider – erforderliche Änderungen zur Preisaufbesserung oder Terminverschiebung ausgenutzt oder die Änderungen hingenommen hat. Wurde pünktlich geliefert und entsprach das Investitionsobjekt sofort den Vereinbarungen?

Von besonderer Bedeutung ist das Verhalten nach der Übernahme. Gab es Beanstandungen und wie hat der Lieferant sich hierzu verhalten? Die Zuverlässigkeit des Investitionsobjektes sollte ebenfalls bekannt sein. Wie hoch ist die technische Verfügbarkeit? Funktioniert der Service? Welche Erfahrungen hat der andere Kunde mit den Betriebsstoffen gemacht?

Das sind eine Reihe von interessanten Punkten und Fragen. Weitere mögen im Einzelfall dazu kommen. Die Abklärung fällt im persönlichen Gespräch leichter. Vielleicht bietet sich ein Besuch, eine Besichtigung an. Auch in der digitalen Welt bringt eine persönliche Information vor Ort weit mehr als ein Telefonat oder eine E-Mail.

7.4 Langzeiteffekte

Die preislichen Effekte einer Investition sind in aller Regel leicht rechenbar. Selbst die Unterschiede über Liefer- und Zahlungsbedingungen sind unkompliziert zu ermitteln. Anders sieht das mit den Kosten während und am Ende der Nutzungsdauer aus. Ohne besondere Nachfrage wird sich jeder Anbieter dazu eher nicht äußern. Selbst bei Haushaltsgeräten war für die Angabe der Hersteller zum Energiebedarf erst einmal eine gesetzliche Basis notwendig. Auch wenn diese Angaben zum Teil eher optimiert erscheinen, geben sie doch zumindest einen groben Anhaltspunkt.

In jedem Fall ist es wichtig, die Kosten über die vorgesehene Nutzungsdauer zu betrachten. Jeder Hobbyeisenbahner lernt schnell, dass die Kosten für die Anfangspackung zum Einstieg in die Modelleisenbahn nicht typisch für das Preisniveau der verschiedenen Anbieter sind.

Dies gilt nicht nur für den Hobbybereich. Dort mögen Kosten eher nicht sonderlich streng bewertet werden. Den Hobbyeisenbahnern ist ihr Hobby etwas Wert. Wie tückisch scheinbar niedrige Preise sein können, kann am Beispiel eines Tintenstrahl-Farbdruckers beschrieben werden. Auch wenn es sich bei diesem Drucker von der Sache her nur um ein geringwertiges Wirtschaftsgut handelt, kann es als Beispiel für das mögliche Missverhältnis zwischen Anschaffungskosten und Folgekosten dienen.

Beim folgenden Beispiel wurden die jeweiligen Kosten bei Verfassung des Buches aus dem Internet ermittelt. Sie können daher als „normal" angesehen werden. Weiterhin bezieht sich die Rechnung auf eine Nutzungsdauer von drei Jahren und einem jährlichen Verbrauch von 2500 Blatt Druckleistung. Würde man die Druckleistung erhöhen, verschiebt sich das Verhältnis nochmals negativ in Richtung Folgekosten.

kurzfristig	Euro	Euro/Jahr
Anschaffungspreis	210,08	70,03
mittelfristig		
Papier (2500 Blatt)	16,76	16,76
Farbpatronen		
s/w	18,48	
gelb	12,51	
cyan	12,51	
magenta	12,51	
1 Set für ca. 500 Blatt	56,02	280,08
langfristig		
Entsorgung	0,00	0,00
Gesamt		**366,87**

Abbildung 13: Kostenvergleich Drucker (Praxisbeispiel) [2]

Bei diesem Vergleich hätte auf die Kosten für das Papier verzichtet werden können. Dies tragen kaum in nennenswertem Maß zu den Betriebskosten bei. Entsprechendes gilt auch für die Energiekosten (Strom). Diese sind so gering, dass es sich nicht lohnte, sie in die Kalkulation einzubeziehen.

[2] Quelle: Internetrecherche bei Staples (http://www.staples.de/) 20.01.2012

Das Beispiel Drucker zeigt anschaulich die Bedeutung der Kosten während des Betriebes. Im Fall des Druckers ist das relativ einfach. Bei diesem fällt praktisch nur Verbrauchsmaterial an. Wenn man will, kann man diese als „Betriebsstoffe" bezeichnen. Wartung, Reparaturen, Ersatzteile und Ähnliches spielen hier sicher keine Rolle. Aufgrund des geringen Anschaffungspreises landen diese Geräte meist in der öffentlichen Entsorgung als Computerschrott.

Bei einer „richtigen" Investition sind die Verhältnisse sicherlich anders. Unterschiedlich von der Art der Investition kommen verschiedene Faktoren infrage. Diese können z. B. sein:

- Energie (z. B. kW / h je Betriebsstunde)
- Betriebsstoffe (Art und Menge)
- Wartung (Pauschale, Reisekosten, Material)
- Reparaturen / Ersatzteile

Vielleicht muss man an dieser Stelle hartnäckig sein. Bei Investitionsrechnungen wird oft mit pauschalen Annahmen gearbeitet. Da werden zum Beispiel 10 % der Anschaffungskosten als laufende Kosten während der Nutzungsdauer angenommen. Das klingt recht einfach. Warum aber auf Annahmen vertrauen, wenn konkrete Informationen nutzbar gemacht werden können?

Ähnlich verhält es sich mit der Situation am Ende der Nutzungsdauer. Während der Betrieb des Investitionsobjektes recht rasch beginnt, liegt das Ende der Nutzungsdauer meist in weiter Ferne. Oft lässt sich der Zeitraum nicht einmal hinreichend genau abschätzen. Am Ende der Nutzungsdauer kommen folgende Lösungen infrage:

- Rücknahme
- Verwertung / Verkauf
- Verschrottung
- Entsorgung

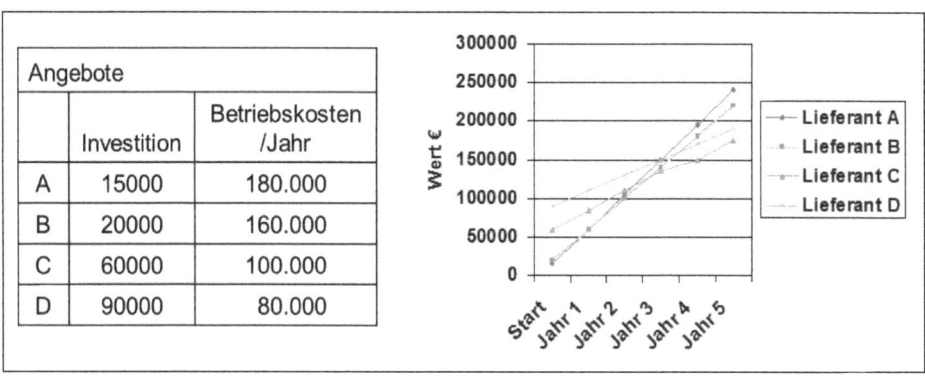

Abbildung 14: Kostenvergleich über die Nutzungsdauer (Praxisbeispiel)

Mit einer pauschalen Annahme der Betriebskosten wäre hier sicher eine falsche Entscheidung getroffen worden. Die Berechnung der Betriebskosten rückt hier die Tatsachen ins rechte Licht. Die grafische Darstellung verdeutlicht anschaulich, wie die Entwicklung über die Zeit erfolgt. Entscheidungen können auf Basis eines beliebigen Zeitraums geprüft werden.

Autoverleiher wissen bereits beim Kauf eines Pkw zu welchem Preis dieser am Ende seiner Nutzungsdauer wieder verkauft werden kann – und wird. Allerdings liegen hierbei Zeitpunkt und maximale km-Leistung und weitere Rahmenbedingungen schon beim Kauf fest. Sicher spielt hier auch die Bedeutung dieser Unternehmen auf dem Markt für Pkw eine große Rolle.

Vielleicht muss man den Anbieter nicht unbedingt zu einem Gebrauchtmaschinenhändler machen. Fachunternehmen dieser Art sind bereits am Markt verfügbar. Aber eine angebotene Entsorgungslösung kann sehr hilfreich sein. Schon manches Investitionsobjekt hat am Ende seiner Nutzungsdauer für Überraschungen gesorgt. Im Verlauf der Nutzungsdauer sind Inhaltsstoffe des Investitionsobjektes zu umweltkritischen Stoffen geworden. In aller Regel haben sich nicht die Stoffe verändert, sondern ihre Bewertung. Man denke hier zum Beispiel an Asbest für Industrieöfen und Chlophen für Transformatoren. Hier können Entsorgungskosten anstehen, die weit über den Anschaffungspreis hinausgehen. Auf diesen Kosten bleibt der Käufer / Betreiber sitzen, wenn dies nicht rechtzeitig – also schon beim Kauf des Investitionsobjektes – geregelt worden ist.

7.5 Bewertung der Angebote

Im Zuge des Angebotsvergleiches wurden verschiedene auch langfristige Vergleichsmöglichkeiten angeführt. Vergleiche setzen in aller Regel messbare Kriterien voraus. Auch bei gutem Willen wird dies nicht immer möglich sein. Neben leicht umzusetzenden Kriterien, die als Preis oder Kosten in Euro zu bewerten sind, gibt es weitere qualitative Kriterien, bei denen dies nicht so einfach möglich ist, wie z. B.

- Kürzere längere Gewährleistungsfrist
- Voraussichtliche Nutzungsdauer
- Raumbedarf
- Genauigkeit

Hier ist eine Bewertung erforderlich, die sich nicht auf Euro bezieht. Für diese Kriterien, empfiehlt sich eine tabellarische Bewertung. Diese ist in der folgenden Tabelle dargestellt.

In die Tabelle lassen sich auch die Kriterien Preis und Folgekosten und weitere Kriterien einbeziehen. Die Relevanz von Kriterien richtet sich vor allem nach dem Investitionsobjekt. Diese werden bei einer Telefonanlage für das gesamte Unternehmen anders sein als bei einer Werkzeugmaschine für die Fertigung.

Die Auswahl der Kriterien und ihre Wertanteile sind von erheblicher Bedeutung. Sie sind vom Investor und dem Einkauf gemeinsam festzulegen. Es ist empfehlenswert, dies bereits zu einem möglichst frühen Zeitpunkt zu tun. Erfolgt die Gewichtung erst im direkten Zusammenhang mit der Auswertung, kann dies Einfluss auf die Gestaltung haben. Vorzüge eines einzelnen Anbieters können dann leicht über- bzw. unterbewertet werden. Es ist vielmehr ratsam, die einzelnen Werte in eine fertig vorbereitete Tabelle einzutragen. Bei qualitativen Kriterien wird es ohnehin eine Menge Bedarf an Diskussionen geben. Dem sollte man aber nicht ausweichen. Die Bewertung ist eine gemeinsame Aufgabe, und sie muss gemeinsam durchgeführt werden. Das Ergebnis sollte ein gemeinsam verstandenes und getroffenes sein.

In einer einfachen Bewertung erhält der Beste die volle Punktzahl (im Beispiel 4), die Wettbewerber werden abgestuft. Dargestellt wurde eine klare Abstufung von 4 - 1. Es können aber auch gleichwertige Einschätzungen vorgenommen werden. Der Abstand zu den anderen wächst dann entsprechend.

Kriterium	Lieferant								Wert
	A		B		C		D		
Anschaffung	2	*0,60*	3	*0,90*	1	*0,30*	4	*1,20*	30%
Betriebskosten	1	*0,30*	2	*0,60*	4	*1,20*	3	*0,90*	30%
Effizienz	1	*0,10*	2	*0,20*	3	*0,30*	4	*0,40*	10%
Nutzungsdauer	4	*0,20*	3	*0,15*	2	*0,10*	1	*0,05*	5%
Raumbedarf	4	*0,08*	2	*0,04*	1	*0,02*	3	*0,06*	2%
Sicherheit	1	*0,10*	4	*0,40*	3	*0,30*	2	*0,20*	10%
Genauigkeit	3	*0,30*	4	*0,40*	1	*0,10*	2	*0,20*	10%
Ersatzteile	4	*0,12*	1	*0,03*	2	*0,06*	3	*0,09*	3%
Total	20	*1,80*	21	*2,72*	17	*2,38*	22	*3,10*	100%

Standardschrift = einfache Bewertung
Kursive Schrift = gewichtete Bewertung

Abbildung 15: Tabellarische Bewertung von Angeboten (Beispiel)

Die Darstellung enthält eine einfache und eine gewichtete Bewertung. In diesem Fall liegt sowohl bei der einfachen als auch bei der gewichteten Bewertung der Lieferant D vorn. Bei einer individuellen Bewertung können sich jedoch erhebliche Unterschiede zeigen.

8. Bestellvorbereitung

Bei manchen Unternehmen herrscht immer noch die Meinung vor, bei Investitionen lohne sich nach dem Angebotsvergleich keine weitere Maßnahme. Nachlässe würden keine Einsparungen bringen und allenfalls zu Qualitätseinbußen führen. Der Lieferant würde seinerseits Einsparungen zu Lasten der Qualität vornehmen. Dem will man sich nicht aussetzen.

Trifft diese wirklich zu? Wohl kaum. Der Lieferant wird wohl kaum ohne Not seine Spezifikation ändern und Gewährleistungsansprüche heraufbeschwören. Auf der anderen Seite führen reduzierte Investitionskosten zu geringeren Abschreibungen und leisten somit auch einen Beitrag zur Reduzierung der Produktionskosten. Wer sagt, dass diese Einsparungen – wenn überhaupt – nur indirekte Wirkung haben?

Auch wenn man sich nicht auf einen orientalischen Teppichmarkt begeben möchte, auch in Deutschland dürfen Preise und Bedingungen hinterfragt werden. Dies sollte inzwischen nicht mehr als ehrenrühriges Unterfangen angesehen werden.

8.1 Verhandlungsstrategien

Zunächst einmal ist eine gemeinsame Zielfindung von Einkauf und Investor erforderlich. Dies sollte bereits zu einem möglichst frühen Zeitpunkt stattfinden. Die Zielfindung beinhaltet z. B.

- Vorauswahl möglicher Lieferanten (engere Wahl)
- abgestimmte Kommunikation mit Lieferanten
- taktisches Vorgehen
- Zeitmanagement

Zur Vorbereitung gehört auch die Entscheidung, ob voll auf eine klassische Verhandlung gebaut wird. Als Alternative käme auch eine professionelle Internetauktion infrage.

8.2 Konventionelle Verhandlung

Bei einer konventionellen Verhandlung handelt es sich meist um eine physische Verhandlung, bei der sich die „Kontrahenten" gegenüber sitzen. Seltener werden „moderne Medien" eingesetzt. Vorstellbar wären auch

- Telefonkonferenz
- Videokonferenz

In diesen kann jedoch kaum der gleiche „persönliche Eindruck" erreicht werden wie bei einem physischen Treffen an einem bestimmten gemeinsamen Ort.

Meist findet eine Verhandlung auf Basis eines vorliegenden Angebotes und dem Vergleich mit Wettbewerbsangeboten und den daraus gezogenen Erkenntnisse statt. Dass die Erkenntnisse dem potenziellen Lieferanten nicht bekannt sein sollten, muss hier sicher nicht betont werden, sondern muss allen Beteiligten klar sein.

Es ist dringend angeraten, Verhandlungen nicht nur mit einem Lieferanten durchzuführen. Stets sollten mehrere Lieferanten zu unabhängigen Verhandlungen eingeladen werden. Die Reihenfolge spielt eine untergeordnete Rolle. Die Verhandlungen sollten – zumindest zunächst – ergebnisoffen geführt werden.

8.2.1 Begriffsdefinition „Verhandlung"

Bevor man zu einer Verhandlung einlädt, sollte man sich über Grundsätzliches im Klaren sein. Was ist eine Verhandlung? Sie ist eine Spielart des Konfliktmanagements. Wenn eine Verhandlung erforderlich ist, besteht ein „Konflikt". Ohne diesen wäre eine Verhandlung gar nicht notwendig. Im Fall eines Investitionsprojektes hätte der Lieferant alle Erwartungen des investierenden Unternehmens so vollständig getroffen oder gar übertroffen, dass nur noch eine Bestellung zu erfolgen braucht. Dem Antrag Angebot folgt umgehend, auf jeden Fall aber noch während der Gültigkeitsfrist dessen, die Bestellung. Da diese uneingeschränkt dem Angebot entspricht, gilt diese Bestellung als Annahme. In dieser heilen Welt gäbe es keinen Konflikt. In dieser heilen Welt würde auch Einkauf nicht wirklich gebraucht, aber meist ist die Welt nicht so heil.

In der Wirklichkeit des Geschäftslebens ist Konfliktmanagement gefragt. Dies gliedert sich grundsätzlich in drei Phasen

- offene Diskussion
- wüste Beschimpfung
- offener Krieg

Man kann hier von Eskalationsstufen sprechen, die der Reihe nach zum Tragen kommen. Zumindest sind meist die Beteiligten dieser Meinung. Mitunter wird aber auch eine Stufe übersprungen.

8.2.1.1 Offene Diskussion

Diese Form der Verhandlung sollte erste Wahl sein. Sie zeichnet sich durch einen Dialog aus, den beide Seiten ergebnisoffen führen. Dabei werden sie nicht ziellos der Argumentation des Kontrahenten folgen, sondern vielmehr zielorientiert ihren Vorteil suchen. Dazu ist das Führen von Dialogen erforderlich. Dies besteht aus Sprechen und Zuhören. Die Kontrahenten gehen aufeinander ein.

Dieser Grundsatz sollte dem Wesen einer Verhandlung entsprechen. Zwei Parteien mit unterschiedlichen Zielen suchen auf dem Verhandlungsweg eine gemeinsame Lösung. Leider wird dieser Maxime nicht immer gefolgt. Statt eines Dialogs werden zwei Monologe geführt, die sich nur selten treffen. Dieser Situation gilt es durch entsprechende Vorbereitung entgegen zu wirken. Andernfalls überspringt man leicht die erste Stufe (offene Diskussion) und geht sehr schnell zur zweiten (wüste Beschimpfung) über.

8.2.1.2 Wüste Beschimpfung

Diese Form der Auseinandersetzung besteht vor allem aus einem Monolog. Durch eine Aufzählung von „Fakten" wird der Versuch unternommen, den Kontrahenten von der Richtigkeit der eigenen Position zu überzeugen. Typisch für diese Art von „Gesprächen" sind Konflikte aus Gewährleistungsfällen, Lieferverzögerungen oder auch verspäteter (noch nicht erfolgter) Zahlung. Der Erfolg solcher Gespräche darf angezweifelt werden. Dies gilt auch dann, wenn diese unter dem Titel „Verhandlung" stehen. Ein Beispiel hierzu ist in Abbildung 16 erläutert.

Die Verbraucher AG hat ein kombiniertes Bohr-Fräszentrum bestellt. Mit dem Lieferanten Spänefreund GmbH wurde ein Zeitplan mit Meilensteinen erarbeitet, dem alle Beteiligten zugestimmt haben.

Seit dem Zustandekommen des Vertrages kommt es immer wieder zu Verzögerungen. Pünktlich war bisher nur die Anzahlungsrechnung. Nachdem der fällige Fundamentplan angemahnt wurde, hat der Lieferant diesen für in zwei Wochen angekündigt. Das bringt bei der Verbraucher AG „das Fass zum Überlaufen". Der Projektleiter von Spänefreund GmbH wird vom Einkaufsleiter der Verbraucher AG kurzfristig zu einem Gespräch über die Terminsituation „gebeten".

Nach der Begrüßung kommt der Projektleiter kaum noch zu Wort. Stattdessen hört er sich die Ausführungen des Einkaufsleiters an, die von deutlichem Missfallen geprägt sind. Soweit die Ausführungen von Fragen „unterbrochen" sind, handelt es sich hierbei um rhetorische Fragen. Für Antworten hierauf wird keine Möglichkeit gegeben.

Dem Projektleiter bleibt nur, das Ende der Argumentation abzuwarten. Es wird ihm nicht wirklich neu sein, dass

- er hinter dem Terminplan liegt,
- der Kunde besorgt und verärgert wegen der Verspätung ist,
- weitere Verzögerungen nicht hingenommen werden,
- im Falle einer Spätererfüllung, die Lieferverzugsstrafe fällig wird.

Er wird die Vorhaltungen über sich ergehen lassen. Am Ende des „Gespräches" wird er versprechen, sich um eine „Abkürzung" der Verzögerung zu bemühen, und dass keine weiteren Verzögerungen eintreten werden. Von nun an wird alles besser! Vielleicht wird der Einkaufsleiter sich sogar als „Sieger" fühlen, da der Projektleiter „seiner Argumentation gefolgt" ist.

In Wirklichkeit hat er nicht viel erfahren, weder über die Vergangenheit, noch über die Zukunft. Ein Dialog aus Fragen und Antworten ist nicht zustande gekommen. Gründe für die Verzögerung blieben ebenso im Dunkeln wie die Maßnahmen, die zu einer künftigen Verbesserung führen sollen.

Abbildung 16:   Gespräch über Verzögerungen (Praxisbeispiel)

Eine wüste Beschimpfung wird oft nicht als solche erkannt. Sie ist eine Einbahnstraße und kennt weder Rede und Gegenrede, noch Fragen und Antworten. Damit werden die Chancen vertan, die ein Dialog bei gleicher Gelegenheit gegeben hätte. Stattdessen verpufft die gesamte aufgewandte Energie ohne nennenswerte Wirkung.

8.2.1.3 Offener Krieg

Die Begriffsfindung erscheint sehr militärisch. Wie ist ein solches Verhalten mit dem Handeln eines „ordentlichen Kaufmanns" zu vereinbaren? Kein Einkäufer würde auf die Idee kommen, mit einem Panzer vor dem Verwaltungsgebäude eines Lieferanten vorzufahren. – Dies gilt auch für den Fall, dass man diesen aufgrund gemachter Erfahrungen nicht sonderlich schätzt. Damit muss also etwas Anderes gemeint sein.

Der Begriff „offener Krieg" muss also für das Geschäftsleben übersetzt werden. Wie ist der Brief eines Anwalts zu beschreiben, in dem die Einreichung einer Klage angekündigt wird, wenn eine bestimmte Handlung nicht bis zu einem bestimmten Termin erfolgt. Vielleicht erfolgt gar die Mitteilung, dass Klage bei Gericht eingereicht wurde. Dies kann sicher nicht als Aufforderung zu einer netten Diskussion mit offenem Ausgang gewertet werden. Briefe dieses Inhalts haben eher den Charakter einer Kriegserklärung. Zumindest einer der Beteiligten gibt einer gütlichen (gemeinsamen) Verständigung keine Chance mehr. Die Diplomatie wird mit – juristischen – Waffen fortgeführt. Wer erwartet, dass es nach einer solchen Auseinandersetzung wieder zu Geschäften „in aller Freundschaft" kommt? Meist wird mit einer juristischen Auseinandersetzung das Ende der Geschäftsbeziehung eingeleitet. Besser ist es wohl, sich mittels eines Dialoges zu verständigen. Eine offene Diskussion ist ganz sicher einer einseitigen Vorhaltung und erst recht einer juristischen Auseinandersetzung vorzuziehen.

8.2.2 Gesprächspartner bestimmen

Ein wesentlicher Bestandteil der Vorbereitung einer Verhandlung ist die Bestimmung der Teilnehmer. Hierbei handelt es sich sowohl um die eigene Delegation als auch die des potenziellen Lieferanten.

Mit der Einladung an den Lieferanten wird üblicherweise mit der Person Kontakt aufgenommen, die für die Abgabe des Angebotes verantwortlich war. Dieser wird seine Verhandlungsdelegation benennen. Grundsätzlich ist der Lieferant autonom in der Bestimmung seiner Delegation. Dies mögen eine Person oder mehrere sein. Der Einladende ist aber gut beraten, sich von der Kompetenz der Delegation bzw. einzelner Personen aus der Delegation zu überzeugen. Dazu gehört es, Namen und Funktionen der delegierten Damen und Herren in Erfahrung zu bringen. Dies reicht aber nicht unbedingt aus. Wohlklingende Titel sind nicht unbedingt verbindliche Aussagen über die Kompetenz der Personen.

Es muss durch – notfalls hartnäckige – Fragen sichergestellt werden, dass die Verhandlung tatsächlich zu einem Ergebnis geführt werden kann. Andernfalls führt sie nur zu einer Vertagung mangels Entscheidungskompetenz des Kontrahenten. Argumente sind verbraucht, Zeit wurde vergeudet.

Die eigene Delegation ist ebenso zu bestimmen. Bei der Entscheidungsfindung ist der Investor einzubeziehen. Gleiches gilt für die betroffenen Funktionen. Diese können zum Beispiel sein:

- technische Leitung
- Qualitätsmanagement
- Unfall- und Gesundheitsschutz
- Umweltbeauftragter
- usw.

Letztlich bestimmt die Art des Investitionsobjektes über die Zusammensetzung der Delegation. Weiterhin ist die Personenanzahl und Zusammensetzung der Delegation des Kontrahenten zu beachten. Gesprächspunkte und Gesprächsteilnehmer sind zwischen den Parteien abzustimmen und falls erforderlich anzupassen.

8.2.3 Verhandlungsvorbereitung

Der Vorbereitung einer Verhandlung wird oftmals zu wenig Aufmerksamkeit geschenkt. Die Folge sind dann oft Überraschungen während der Verhandlung, die nur mit Mühe zu beherrschen sind. In der Folge können dann die gesteckten Ziele nicht erreicht werden. Dieses Nichterreichen der Ziele ist dann meist ausführlich und zeitaufwändig zu begründen. Aller Voraussicht nach wird hierbei die mangelnde Vorbereitung kaum eine Rolle spielen.

In einem zielführenden Verfahren wird angemessen viel Zeit in die Vorbereitung gesteckt. Dies wird ein akzeptables Ergebnis in angemessener Zeit ermöglichen. Überraschungen während der Verhandlung können vermieden werden. Dies gilt zumindest für die eigene Delegation. Ziel ist es, auf Fakten und Argumente vorbereitet zu sein, die diese vorbringt und selbst schlüssige Fakten und Argumente bringen zu können.

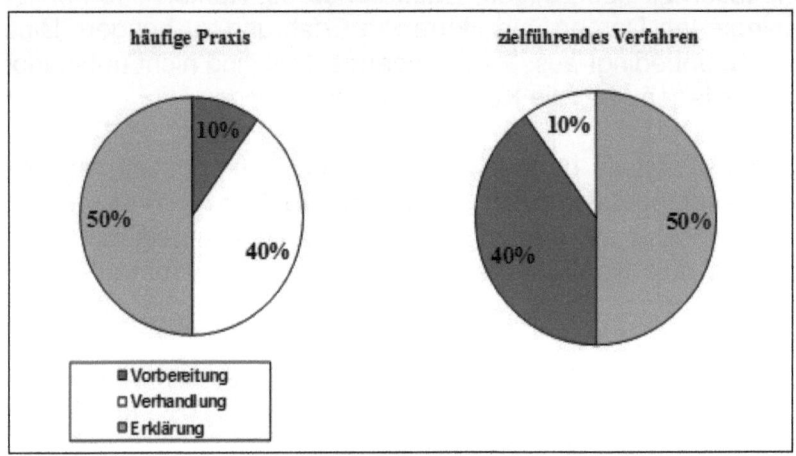

Abbildung 17:   Zeiteinteilung Verhandlungsablauf

Die Abbildung 17 zeigt den voraussichtlichen Zeitanteil der vorgenannten drei Phasen. Die Anteile sind bei der häufig üblichen Praxis und einem zielführenden Verfahren deutlich unterschiedlich. Der gesamte Zeitaufwand wird bei einem zielführenden Verfahren jedoch eher niedriger sein.

In die Vorbereitung der Verhandlung sind alle Beteiligten einzubeziehen, die einen Beitrag zu der Verhandlung leisten können. Das Einbeziehen in die Vorbereitung ist keine Vorentscheidung, ob diese Personen auch zur Delegation gehören. Angehörige der Delegation sind auf jeden Fall einzubeziehen. Es ist dringend davon abzuraten, Personen in eine Verhandlung einzubeziehen, die in die Vorbereitung nicht eingebunden waren.

Grundlage der Vorbereitung ist ein Vertrauensverhältnis. Zwischen den Beteiligten einer Seite darf es keine Geheimnisse geben. Diese würden nicht nur das Vertrauen in das Verhandlungsergebnis erheblich beeinträchtigen. Schließlich geht es darum, gemeinsame Entscheidungsgrundlagen und Vorgehensweisen zu bestimmen. Dazu ist es erforderlich, dass die vorbereitenden Personen als ein Team agieren.

Dazu zählen das Zusammenhörigkeitsgefühl und das Gefühl zum gleichen Unternehmen zu gehören, zu dem die Lieferanten eben nicht gehören. Lieferanten (insbesondere Verkäufer) sind gut darauf vorbereitet, die gleiche Sprache wie der Investor zu sprechen. Diese gleiche Sprache und die scheinbar gleichen Interessen lassen die Verständigung mit den Lieferanten leichter erscheinen als die mit den eigenen Kollegen. Das Bewusstsein, dass diese zur anderen Partei gehören, ist bei allen Beteiligten gefragt – ohne Vorbehalte.

Ein gemeinsames Auftreten gegenüber den Anbietern dringend notwendig. Es gehört zu Strategie und Taktik, nur abgestimmte Informationen an die Anbieter zu geben. Alle Informationen müssen wahr sein, aber nicht alle Informationen müssen zwingend übermittelt werden.

8.2.4 Erwartungshaltung

Die Grundeinstellung ist in einer Verhandlung von entscheidender Bedeutung. Eine gute Vorbereitung legt die Basis für einen Erfolg. Lieferanten sind als Partner zu behandeln und nicht als Feinde. Das ist sicher richtig. Schließlich soll eine Verhandlung in eine Zusammenarbeit für das Investitionsobjekt münden, über das man gerade diskutieren möchte – gemeinsam.

Dennoch darf man nicht vergessen, dass die jeweiligen Verhandlungsdelegationen zu jeweils einem anderen Unternehmen gehören. Die Grenzen verlaufen nicht innerhalb einer Delegation, sondern zwischen den beiden Delegationen. Dies muss „man" nicht nur irgendwie wissen, man muss es sich bewusst machen.

Hierzu gehört, dass man als Kunde nicht davon ausgehen kann, Geschenke zu erhalten. Hierbei geht es nicht um Bestechung oder Bestechlichkeit. Fehlverhalten dieser Art muss hier sicher nicht beschrieben werden. Es geht vielmehr um Geschenke in der Sache, also um Vorteile, die man angeblich kostenlos erhält. Die Kontrahenten gehören zu einer anderen Organisation, dem potenziellen Lieferanten. Deren vordringliche Aufgabe ist sicher nicht die Versorgung der Menschheit mit kostengünstigen Investitionsobjekten. Entsprechend sind Aufgaben und Ziele des Lieferanten einzuschätzen. Wirtschaftsunternehmen sind auf Gewinn ausgerichtet.

Die angebotene kostenfreie Nutzung eines Gerätes sicher nicht als wohlmeinendes Geschenk gedacht. Man muss es eher als „Anfüttern" erkennen. Wenn das Gerät erst einmal aufgebaut ist und funktioniert, wird es dann abgebaut und zurückgegeben? Dies wird wohl nur dann geschehen, wenn erhebliche Unzufriedenheit auftaucht. Anderenfalls hat dieser Anbieter einen erheblichen Wettbewerbsvorteil erzielt. Da das Gerät erst einmal „getestet" werden soll, ist die Verhandlung in aller Regel auch noch nicht abgeschlossen. Wer bereitet schon aufwändig eine Bestellung zu einem Investitionsobjekt vor, wenn man etwas kostenlos zur Probe bekommt? Die spätere tatsächliche Verhandlung läuft dann unter anderen Gesichtspunkten und Kräfteverhältnissen ab. Es wurden Fakten geschaffen. Diese wird der Lieferant zu seinem Vorteil zu nutzen wissen. Vorsicht ist angezeigt!

Auf der anderen Seite gibt es auch für die Kundenseite keine Veranlassung, Geschenke zu machen. Auch die Kundenseite gehört – gemeinsam – zur Organisation, dem Kundenunternehmen. Auch dieses Wirtschaftsunternehmen ist auf Gewinn ausgerichtet. Die Damen und Herren dieser Delegation haben entsprechend andere Ziele und Aufgaben als die des potenziellen Lieferanten. Als Geschenk ist jeder Verzicht auf eine Leistung zu verstehen, für die eine Gegenleistung erbracht wird.

Die Kontrahenten haben aber auch gemeinsame Ziele. Ein gemeinsames Ziel sollte eine Verhandlungslösung sein. Ist dies nicht der Fall, muss der Sinn der Verhandlung infrage gestellt werden.

Auf jeden Fall müssen die eigenen Ziele klar sein. Grundsätzlich sollten Ziele anspruchsvoll aber realistisch sein. Dies ist nicht zuletzt dem Anspruch auf das Interesse am Ergebnis geschuldet. Grundsätzlich gibt es zwei – gestaffelte – Ziele, und zwar

- optimales Ziel
- Limit (minimales Ziel)

Das optimale Ziel zeigt das maximal zu erwartende Ergebnis auf, z. B. der niedrigste mögliche Preis. Dieses Ziel gilt es zu erreichen. Damit ist nicht ausgeschlossen, ein noch besseres Ergebnis zu erreichen. Im Nachgang betrachtet, war dann das gesteckte Ziel nicht anspruchsvoll genug. Insofern sollte man über ein besseres Ergebnis nur verhalten jubeln, aber die eigene Vorbereitung im Nachgang auf den Prüfstand stellen.

Eine Checkliste zur Vorbereitung der Verhandlung ist in Abbildung 18 dargestellt. Sie kann als universeller Leitfaden für nahezu alle Verhandlungen mit Lieferanten gelten. Liegt diese als Textdatei (= digitales Formular) vor, erleichtert dies die Arbeit. Der Platzbedarf reguliert sich von selbst.

Gemeinsame strategische Ziele:	Verhandlungsziele: Minimalziele:
Unsere Argumente:	Einwände der Gegenseite:
Fakten und Beweise auf unserer Seite:	Argumente gegen Fakten und Beweise:
Druckmittel auf unserer Seite:	Angebote von uns an die Gegenseite:
Gemeinsame strategische Ziele:	Verhandlungsziele der Gegenseite: Minimalziele:
Argumente der Gegenseite:	Unsere Einwände und Bedenken:
Fakten und Beweise der Gegenseite:	Unsere Argumente gegen die Fakten und Beweise:
Druckmittel der Gegenseite:	Mögliche Angebote an uns:

Abbildung 18: Verhandlungscheckliste (Beispiel) [3]

---

3) Quelle: Hedwig Kellner, Rhetorik: Hart verhandeln – erfolgreich argumentieren, Carl Hanser Verlag

8.2.5 Durchführung der Verhandlung

Eine Verhandlung sollte von gegenseitigem Respekt geprägt sein. Dazu gehört, dass die Gesprächspartner sich als Partner verstehen, die einen gemeinsamen Weg finden wollen. Die eigentliche Zusammenarbeit beginnt nach dem Vertragsabschluss. Nicht zuletzt vor diesem Hintergrund ist korrekter Umgang miteinander angezeigt.

Am Ende der Verhandlung sollen Ergebnisse stehen. Diese sind von beiden Seiten zu akzeptieren. Sie müssen also akzeptabel sein. Es macht keinen Sinn, dass eine der Delegationen als großer Sieger das Schlachtfeld verlässt, und das Ergebnis am nächsten Tag von der Geschäftsleitung der unterlegenen Partei zurückgenommen wird. Hier geht es nicht um die formale rechtliche Situation, ob ein Vertrag zustande kommen ist oder nicht. Ein unwilliger Lieferant ist sicher kein guter Partner. Eher ist zu erwarten, dass er bei nächster Gelegenheit die Scharte auswetzen wird. Früher oder später wird sich seine Unlust zeigen.

Worte und Verhalten müssen übereinstimmen. Was man verspricht, muss man auch halten. In einer Verhandlung muss nicht unbedingt das gesamte Wissen offengelegt werden. Aussagen, die man trifft, müssen jedoch wahr sein. Vereinbarungen, die getroffen werden, müssen ernstgemeint sein. Andernfalls stören sie die gesamte weitere Zusammenarbeit.

In einer Verhandlung haben beide Seiten Anspruch auf Fairness. Diese Fairness muss von der eigenen Delegation gezeigt werden. Auf der anderen Seite kann man diese auch vom Kontrahenten erwarten und einfordern.

Die Delegationen treten in der Verhandlung als Einheit auf. Sie sollten das zumindest tun. Dies gilt vor allem für die eigene Seite. Das Verhalten bezieht auch Funktionen ein, die nicht direkt an der Verhandlung teilnehmen. Sehr leicht kann durch bestimmte Phrasen der Eindruck erweckt werden, „man" sei sich nicht wirklich einig in Wünschen und Zielen.

> „Unsere Entwicklung erwartet von den Bauteilen, die auf der zu investierenden Maschine gefertigt werden sollen, sehr enge Toleranzen. Können Sie dies über die gesamte Nutzungsdauer sicherstellen?"
>
> Eigentlich klingt die Frage technisch und unverfänglich. Wer aber benötigt die engen Toleranzen? Ist das nur die Entwicklung oder vielmehr das Unternehmen? Die andere Seite kann und wird dies so verstehen, dass hier ein Keil getrieben werden kann. Die Verhandlungsdelegation steht (scheinbar) nicht geschlossen hinter dieser Forderung.

Abbildung 19: Toleranzen (Beispiel)

> „Unsere Finanzabteilung erwartet, dass wir Anzahlungen in aller Regel vermeiden."
>
> Mit dieser Formulierung wird angedeutet, dass restriktives Vorgehen bei frühzeitigen Zahlungen eigentlich nur eine Idee der Finanzabteilung ist. Die Delegation ist eigentlich anderer Meinung.

Abbildung 20: Zahlungsbedingungen (Beispiel)

> „Unsere Geschäftsleitung hat eindeutig festgelegt, dass Präsente von Lieferanten (unabhängig vom jeweiligen Wert) nicht mehr angenommen werden dürfen. Dies gilt für alle Mitarbeiter des Unternehmens."
>
> Hiermit wird angedeutet, dass es sich hier – lediglich – um eine Weisung handelt. Vielleicht gibt es eine Möglichkeit, diese zu umgehen. Schon diesen Eindruck zu erwecken, ist ein gefährliches Spiel, selbst wenn die Bemerkung anders gemeint ist.

Abbildung 21: Geschenke von Lieferanten (Beispiel)

Nur Einigkeit macht stark! Dies muss sich auch in der Ausdrucksweise wiederspiegeln. Anders klingt es, wenn die Aussagen lauten:

- „Wir erwarten von den Bauteilen, die auf der zu investierenden Maschinen gefertigt werden sollen, sehr enge Toleranzen. Können Sie dies über die gesamte Nutzungsdauer sicherstellen?"
- „Wir vermeiden Anzahlungen in aller Regel. Deren Notwendigkeit ist uns nicht einsichtig."

- „Wir haben eindeutig festgelegt, dass Präsente von Lieferanten – unabhängig vom jeweiligen Wert – nicht angenommen werden. Dies gilt für alle Mitarbeiter des Unternehmens und schließt alle Funktionen und alle Hierarchieebenen ein."

Die Aussagen stimmen fast vollständig mit dem Wortlaut aus den Beispielen überein. Im Gegensatz zu diesen zeigen sie aber Geschlossenheit. Genau diese ist gefragt.

Kommen den Beispielen ähnliche Argumente vom Kontrahenten, ist dies aufmerksam zu registrieren. Es kann ohne Skrupel argumentativ verwendet werden. Dies hat nichts mit mangelnder Fairness zu tun. Es gilt Chancen zu nutzen, die aus mangelnder Vorbereitung des Kontrahenten entstehen. Auch darauf hat man sich vorbereitet.

Der Ablauf einer Verhandlung sollte mit der Begrüßung und einer kurzen Einleitung beginnen. Enden sollte sie mit einer wie auch immer gearteten Vereinbarung und einer Zusammenfassung. Alles in allem folgt die Verhandlung der vorbereiteten Checkliste. Voraussetzung ist, dass die Vorbereitung gut genug ist.

Grundsätzlich sollte eine Verhandlung wie folgt ablaufen:

- Einleitung
- Fakten
    - Bekannte Fakten (beiderseits)
    - Neue Fakten und Belege hierzu
- Ziele (Optimum)
- Diskussion
- Vereinbarung / Zusammenfassung

Dialog ist gefragt, nicht wüste Beschimpfung. Wie aber kommt ein Dialog zustande? Das Führen eines Monologes, oder gar zweier Monologe stellt keinen Dialog dar. Oft wird versucht, den Kontrahenten durch eine lange Aneihung von Argumenten zu überzeugen. Eigentlich handelt es sich mehr um den Versuch eines Überredens.

Es wird versucht, alles in allen Details zu erklären und zu begründen. Man muss das Gegenüber nur durch Argumentation überzeugen. Dazu wird viel Zeit investiert. In Wirklichkeit ist das Gegenüber schon bald mehr oder weniger gelangweilt. Mit welchen Maßnahmen soll denn die Aufmerksamkeit des Zuhörenden erreicht und erhalten werden? Der Zuhörer wird bei Gelegenheit den „Informationsfluss" stoppen oder dessen Ende mehr oder weniger gelassen abwarten. Vielleicht wird er dann seinerseits einen Monolog starten – und sich auch nicht ohne weiteres stoppen lassen.

Besser ist es, nach einer kurzen Einführung mit der Fragetechnik zu beginnen. Die kann schon mit der Frage beginnen, ob die Ausführungen der Einleitung geteilt werden. Bei guter Vorbereitung kann eigentlich nur ein „Ja" folgen, dem sich die nächsten Fragen anschließen. Wer fragt, führt.

Mittels Fragen wird der Gesprächspartner zum Zuhören, Denken und Antworten gebracht. Den Antworten gilt es, aufmerksam zuzuhören. Mitunter erhält der Fragende mehr Informationen als er erfragt hat. Auch das aufmerksame Zuhören gehört zur Gesprächskultur.

Klappern gehört zum Handwerk und der Bluff zum Poker. Trifft beides zu? Wahrscheinlich muss man beides bestätigen. Dies darf aber kein Anlass sein, Bluff und Poker in die Praxis einer geschäftlichen Verhandlung einzubeziehen. Dies widerspräche nahezu allen Prinzipien, einschließlich der Risikominimierung. Ein Beispiel mag das verdeutlichen.

> Während einer Verhandlung eskaliert ein Konflikt. Der Lieferant will sich den Preiswünschen des Kunden nicht anpassen. Eigentlich ist gerade dieser Lieferant derjenige, der den Auftrag zum Investitionsobjekt erhalten soll. Da er bereits frühere Investitionsobjekte gleicher Art geliefert hat, würde auch diese Ergänzung gut ins Bild passen. Andere Produkte würden den logistischen Aufwand während des Betriebs erhöhen.
>
> Dennoch erklärt der Kunde, einen Nachlass „x" auf jeden Fall zu benötigen. Entsprechende Wettbewerbsangebote lägen vor (was nur bedingt stimmt), und diese Angebote würden dann genutzt werden. Mit dem jetzt in Rede stehenden Preis des Lieferanten würde die Investition sich nicht rechnen. Vielleicht wird sogar ausgeführt, unter diesen Gesichtspunkten sei eine weitere Diskussion kaum sinnvoll.
>
> Die Erwartungshaltung des Kunden ist, dass der Lieferant jetzt einknickt und den gewünschten Nachlass doch noch macht. Schließlich ist er ja an dem Auftrag interessiert, oder etwa nicht?
>
> Die Reaktion des Lieferanten ist eine Überraschung. Er fragt erstaunt nach, ob er wirklich nicht liefern braucht. Er fühle sich aufgrund der langjährigen Zusammenarbeit in der Pflicht, zumal es sich um eine Erweiterungsinvestition handelt. In diesem Fall habe er die Möglichkeit, einen Auftrag anzunehmen, der ihm mehr Gewinn verspräche. Ein Neukunde benötigt dringend ein Investitionsobjekt, da seine Einrichtung irreparabel ausgefallen sei. Er bedankt sich für die für ihn so positive Information.
>
> Und jetzt? Wie kommt man aus einer solchen Situation wieder heraus? Sicher nicht ohne an Glaubwürdigkeit zu verlieren. Der Bluff hat nicht funktioniert und der Lieferant hat das Ultimatum gerne angenommen, leider nicht die erwartete Variante.

Abbildung 22: Bluff und Ultimatum in der Verhandlung (Beispiel)

Situationen dieser Art sind äußerst abträglich für den Ruf. Dies gilt für das Unternehmen, aber noch mehr für die Beteiligten. Für die nächste Verhandlung ist der Vertrauensvorschuss verspielt. Wenn der Einkäufer sich diesen Bluff „geleistet" hat, wird seine Position im Unternehmen durch dieses Vorkommnis kaum gefestigt werden. Ist der Bluff das wert?

Eine Verhandlung soll immer zu einer Vereinbarung führen, wenn auch nicht in jedem Fall zu einem Vertrag. Andernfalls könnte man nur eine Verhandlung je Objekt führen. Eine Vereinbarung / Zusammenfassung soll aber zumindest die unterschiedlichen Standpunkte klarlegen und zeigt die folgenden Schritte auf. Dies kann z. B. sein, dass eine Seite sich bis zu einem bestimmten Zeitpunkt zu dem „Vorschlag" der Gegenseite äußert. Auf diese Art und Weise werden weitere Möglichkeiten offen gehalten und parallele Verhandlungen möglich.

Die Zusammenfassung sollte nicht nur mündlich im Raum stehen. Vielleicht hat der eine oder andere Beteiligte für ein solches Verhalten ein zu schlechtes Gedächtnis. Besser ist eine schriftliche Fixierung. Diese beinhaltet vor allem:

- Welche der beteiligten Parteien
- tut, unterlässt oder verspricht folgendes
- bis wann zu tun oder zu unterlassen.

Inzwischen sollte bei Verhandlungen stets – mindestens – ein Laptop verfügbar sein. Es leistet bereits gute Dienste in der Verdeutlichung der Fakten und der Beiträge zur Diskussion. In jedem Fall kann es dann genutzt werden zur Fixierung der Zusammenfassung bzw. der Ergebnisse. Diese können dann nach dem Ausdrucken noch an Ort und Stelle von den Verhandlungsteilnehmern unterschrieben werden. Ein vorbereitetes „Formular" kann dazu gute Dienste tun. Ein Beispiel hierzu ist im Anhang 1 dargestellt.

Eine Alternative ist die nachträgliche Bestätigung. Dies kann in Form eines formalen Schreibens oder als E-Mail erfolgen. Letztere Vorgehensweise hat den Charme, dass Entwürfe auf einfache Art und Weise ausgetauscht werden können.

Manchem erscheint es einfach, dem Lieferanten die Formulierung zu überlassen. Hiervon ist abzuraten. Besser ist, selbst zu formulieren. Wer schreibt, der bleibt. Nur wer selbst schreibt, hat wirklich Einfluss auf die Formulierung. Ein Glas kann halb voll oder halb leer sein. Beides ist wahr. Dennoch macht die Formulierung einen Unterschied. Diesen sollte man unter Kontrolle halten.

8.3 Internetauktion als „gemeinsame" Verhandlung

Wer hat sich nicht gewünscht, alle Verhandlungen parallel führen zu können, statt zeitaufwändige Verhandlungen mit den Anbietern eine nach der anderen führen zu müssen, unter Umständen in mehr als einer Runde? Ein schöner Traum? Warum?

Verschiedene Provider bieten Internetauktionen als Service oder als Lizenz zu Eigennutzung an. Von der Sache her handelt es sich um eine Verhandlung mit mehreren Anbietern parallel zu einander. Diese internetbasierte „Verhandlung" ist nur auf den Preis bzw. die Preiskomponenten beschränkt. Ein strukturiertes Gebot ist auch hier möglich. Allerdings muss der Bieter (Anbieter) hierbei der vorgegebenen Struktur folgen.

Wenn bei einer Internetauktion nur „Preis" die Variante ist, müssen alle anderen Fakten einschließlich Objektbeschreibung und Bedingungen vorgegeben sein. Ein späteres „Nachschieben" ist kaum noch möglich. Es bleibt auf einige wenige Ausnahmen beschränkt.

Auf die Vollständigkeit der Anfrage wurde bereits im Zusammenhang mit der konventionellen Anfrage hingewiesen. Was dort ratsam ist, kann bei einer Internetauktion als Grundvoraussetzung angesehen werden.

8.3.1 Grundvoraussetzungen

Die Vorbereitung einer Internetauktion entspricht sachlich einer Bestellvorbereitung. Sie ist allerdings sehr umfassend. Gerade bei der Internetauktion bleibt Nachlässigkeit selten ohne negative Folgen.

Internetauktionen kommen für eine Bestellvorbereitung nur dann infrage, wenn folgende Kriterien gegeben sind:

- Das Investitionsobjekt muss eindeutig zu beschreiben sein.
- Menge und Termin stehen fest und sind eindeutig zu beschreiben.
- Mehrere (besser: viele) Lieferanten können interessiert werden.

Die Vorbereitung der Auktion kann sehr wohl auf einer Funktionsbeschreibung beruhen. Diese ist dann Teil der Ausschreibungsunterlagen. Der Service kann Bestandteil der Auktion sein. Schwieriger ist es mit den Betriebskosten. Wenn diese nicht vorab ermittelt wurden, können diese wohl kaum einbezogen werden.

8.3.2 Der Auktionator / Die Plattform

Zur Auswahl des geeigneten Auktionators bzw. der geeigneten Plattform bedarf es zunächst des notwendigen Überblicks. Verschiedene Branchen wie die Automobilindustrie, die Chemische Industrie und andere mehr verfügen über ihre eigenen Plattformen. Für diese Branchen stellt sich die Frage eigentlich nicht. Für andere kann auf den b2b-Marktplatzführer verwiesen werden. Auch ergeben sich gute Möglichkeiten des Erfahrungsaustausches mit Kollegen. Diese können dann häufig auch eigene Erfahrungen einbringen.

Die Entscheidung, welcher Auktionator der richtige für das Unternehmen ist, wird nicht zuletzt vom Kosten-Nutzen-Verhältnis abhängen. Hierbei sind zu beachten:

- Abwicklungspauschale / Erfolgshonorar
- eigener Aufwand
- Leistung des Auktionators
- zu erwartende Einsparung

Meist wünschen sich die Auktionatoren eine Erfolgsprämie. Diese errechnet sich aus einem bestimmten Prozentsatz an der Differenz zwischen dem Zielpreis und dem tatsächlich erreichten niedrigsten Gebot. Wenn der Prozentsatz vereinbart ist, beginnt die Diskussion über den Zielpreis. Dieser kann dem Auktionator naturgemäß nicht hoch genug sein.

Diese Diskussionen lassen sich vermeiden, wenn eine Abwicklungspauschale vereinbart wird. Diese erspart die Diskussionen und macht den Aufwand besser kalkulierbar. – Ein Vorteil für sich. In jedem Fall ist eine eindeutige Vereinbarung zu treffen.

Der Auktionator hat verschiedene Aufgaben, die mit Abwicklungspauschale bzw. Erfolgshonorar vergütet werden. Diese sind z. B.

- Nutzung der Plattform (Technik)
- Unterstützung bei der Vorbereitung
    - Aufbau der Ausschreibungsunterlagen
    - Eckdaten der Auktion
    - Spielregeln
    - Rechenoperationen
    - Informationslevel

- Nennen weiterer potenzieller Lieferanten
- „Training" der Bieter (u. a. mit einer Probe-Auktion)
- Betreuung der Auktion
- rechtliches Umfeld (Auktionsbedingungen)
- Status als „neutraler Dritter"

Alle vorgenannten Punkte sind wichtig und haben ihre eigene Bedeutung. Eine Auktionsplattform ist ein komplexes Tool. Eine Plattform selbst zu erstellen macht wenig Sinn. Ob eine Lizenz gekauft wird oder lieber auf Dauer eine fallweise Honorierung erfolgt, ist individuell zu entscheiden. Diese Entscheidung sollte man treffen, wenn dieses Tool als wichtiges Standardwerkzeug eingeführt werden soll.

Zumindest bei den ersten Auktionen ist die Hilfestellung des Auktionators für die Vorbereitung der Auktion dringend einzufordern. Das Tool ist sehr komplex. Einem Unerfahrenen können leicht Fehler unterlaufen.

In wie weit die Benennung weiterer Lieferanten aus dem Portfolio des Auktionators hilfreich ist, ist zu prüfen. Häufig ist das Wissen über die Lieferanten nicht viel größer als offene Datenbanken hergeben. Für die Zulassung eines Lieferanten ist das etwas wenig.

Von Bedeutung ist das Training der Bieter. Diese sind oft nicht mit Internetauktionen vertraut – zumindest nicht in der Rolle als Bieter. Ein hinreichendes Wissen über die Funktion und den rechtlichen Rahmen sind wichtig. Das kann der Auktionator besser vermitteln als ein neuer oder sporadischer Anwender. Insbesondere die Teilnahme an der Probe-Auktion ist dringend anzuraten.

8.3.3 Vorbereitung der Auktion

Im Zuge der Vorbereitung der Auktion ist zunächst einmal festzustellen, ob genügend Bieter für eine Auktion bekannt sind bzw. gewonnen werden können. Hierzu kommen infrage

- bekannte (bereits genutzte) Lieferanten
- weitere ermittelte Lieferanten (wie zur Anfrage erläutert)
- vom Auktionator benannte Lieferanten

Es kann davon ausgegangen werden, dass die weitaus meisten Lieferanten bereit sind, an einer Auktion teilzunehmen. Dazu ist es erforderlich, dass sie den Ablauf kennen und verstehen. Weiterhin müssen sie verstehen, dass eine Ablehnung das Ausscheiden aus dem Wettbewerb für das Investitionsobjekt bedeutet. Wenn es sich um einen nennenswerten Bedarf handelt, wird das die positive Entscheidung beflügeln. Die technischen Vorlaussetzungen sind lediglich ein Internetanschluss und ein PC. Dies stellt heute sicher kein wirkliches Hindernis dar.

Die Information zur Internetauktion entspricht etwa einer Ausschreibung. Alle Details – bis auf die individuellen Preise – werden vorgegeben. Diese sind

- eindeutige und vollständige Beschreibung des Investitionsobjektes / der Leistung
- eindeutige Mengenangaben (Menge und Mengeneinheit)
- Zeitpunkt der Lieferung / Leistungserbringung
- Präqualifikationsbedingungen
- Bedingungen im Einzelnen

Bei der Definition der vorgenannten Punkte ist Sorgfalt erforderlich. Eigentlich sind diese deckungsgleich mit den Anforderungen an eine qualifizierte Anfrage. Der Unterschied ist, dass eine Nachbesserung nur noch schwer möglich ist. Eine klassische Verhandlung, in der nachgebessert werden könnte, findet nicht mehr statt. Die Auktion ist die „Verhandlung". Unklare Anforderungen sind somit

- nicht vereinbart
- unter Umständen nicht verfügbar – nicht einmal gegen Aufpreis
- können jedenfalls leicht zu Mehrkosten führen

Die Informationen können auf die Plattform eingestellt werden oder als separate Information (z. B. in Papierform oder als Datenträger) individuell an die Bieter gegeben werden. Die Stammdaten müssen immer auf der Plattform verfügbar sein.

Weiterhin ist die Festlegung der Prozeduren von erheblicher Bedeutung. Diese bestimmen den Ablauf der Auktion einschließlich der Rechtsfolgen, die sich aus dem Ergebnis der Auktion ergeben. Hierzu gehören

- Festlegung der Basisinformationen
  - Auktionsbeginn
  - Auktionsende
  - Verlängerungsprozeduren
  - Sichtbarkeit von Einzelheiten
- Definition der Steigerungsgrößen
  - Höchstgebot (max. Einstiegspreis)
  - Zielpreis
  - Dekrement
- Bestimmung der Vergabeprozedur
  - automatische Vergabe an den Bestbieter
  - manuelle Vergabe an einen der Besten (Anzahl)
  - keine Verpflichtung zur Vergabe

Die rechtzeitige Festlegung der Auktion soll sicherstellen, dass die Bieter sich auf die Teilnahme – live – einstellen können. Die Zeit zwischen Auktionsbeginn und Auktionsende ist so zu bemessen, dass auch anfängliche Verbindungsprobleme noch beseitigt werden können, ohne die Teilnahme einzelner Bieter zu gefährden.

Mancher Bieter lebt in der Vorstellung, sich an der Auktion nicht weiter zu beteiligen als absolut notwendig. Negative Preistreiberei soll vermieden werden. Ein letztes Angebot unmittelbar vor Ende der Auktion, und keiner der Wettbewerber findet hinreichend Zeit, zu reagieren. Dagegen hilft eine automatische Verlängerung der Auktion, wenn innerhalb einer bestimmten Frist vor dem nominalen Ende der Auktion noch ein Gebot erfolgt. Somit hat jeder Wettbewerber eine bestimmte Anzahl Minuten Zeit, sein eigenes Gebot nach zu bessern. Diese Prozedur kann auch häufiger greifen. Eine automatische Verlängerung kann auch für den Fall vorgesehen werden, dass der Zielpreis beim geplanten Auktionsende noch nicht erreicht ist. Insgesamt kann sich durch die vorgenannten Verlängerungen die tatsächliche Dauer der Auktion wesentlich verlängern, sogar gegenüber der eigentlich geplanten Zeit vervielfachen. Die automatische Verlängerung ist dringend anzuraten.

Die Sichtbarkeit von Information während der Auktion ist wählbar. In der niedrigsten Stufe kann die Information auf die Kenntnis von „günstigster Anbieter" oder nicht beschränkt werden. Ob dies ratsam ist, mag bezweifelt werden. Empfehlenswert ist eine weitgehend offene Information.

Die Gebote der verschiedenen Bieter werden in der Reihenfolge des Eingangs gezeigt. Dazu sind der Code des Bieters und der jeweilige Gesamtwert sichtbar. Da die Codes bei den Auktionen einzeln vergeben werden, erkennt der jeweilige Bieter sein eigenes Gebot, kann die anderen jedoch nicht konkreten Namen zuweisen. Offenheit kann als Vertrauen bildende Maßnahme angesehen werden.

Die Definition der Steigerungsgrößen ist ebenfalls eine wichtige Aufgabe. – Diese sollte nicht dem Auktionator überlassen werden. Ob sein Rat hierzu benötigt wird, mag jeder Nutzer für sich entscheiden.

Das Höchstgebot stellt das maximale Gebot ein, dass ein Bieter abgeben kann. Versucht er, einen höheren Preis einzugeben, wird sein Gebot automatisch abgewiesen. Damit bleibt er ohne Information über den Auktionsverlauf, bis er das Höchstgebot oder einen niedrigeren Preis einstellt. Damit ist er automatisch Teilnehmer und nicht nur „Zuschauer".

Der Zielpreis sollte anspruchsvoll, aber realistisch sein. Das Erreichen des Zielpreises macht die Auktion gültig. Damit wird die Vergabeprozedur gültig. Mit Erreichen des Zielpreises endet die Auktion nicht automatisch. Es werden weiterhin Gebote angenommen. Auch die Verlängerungsprozeduren bleiben gültig.

Wird der Zielpreis nicht erreicht, ist die Auktion rechtlich ungültig. Lediglich der Auktionator hat Anspruch auf seine Abwicklungspauschale. Ein Erfolgshonorar fällt in diesem Fall nicht an.

Unter einem Dekrement versteht man den minimalen Abstand zwischen zwei eigenen Geboten. Beträgt dies 1000 Euro und ein Konkurrent hat das eigene Angebot um nur 50 Euro unterboten, muss das nächste eigene Gebot dennoch 1000 Euro niedriger sein als das letzte eigene Gebot. Damit werden zu kleine Auktionsschritte vermieden.

Die Vergabeprozedur bestimmt das Verfahren auf Basis des Auktionsergebnisses. Diese wird relevant, wenn der Zielpreis erreicht oder unterschritten wurde. Es ist möglich, direkt aus der Auktion heraus den Lieferanten zu bestimmen. Dies ist bei der automatischen Vergabe an den Bestbieter der Fall. Dieses Vorgehen ist mit Vorsicht zu betrachten. Damit müsste auch bei sehr geringem Abstand die Vergabe an den Bestbieter erfolgen, obwohl der Zweitgünstigste eigentlich bevorzugt würde. Vor diesem Hintergrund erscheint eine manuelle Vergabe als Auswahl unter einer bestimmten Anzahl der Besten angezeigt. Allerdings sollte die Anzahl in einem angemessenen Verhältnis zu der Gesamtzahl der Bieter stehen.

Eine Auswahl unter den besten fünf Bietern macht wenig Sinn, wenn es nur fünf Bieter gibt. Wo liegt der Anreiz sich anzustrengen, wenn die Vergabe anschließend doch nach Belieben des Kunden erfolgt. Die gleiche Situation ist gegeben, wenn schon formal keine Verpflichtung zur Vergabe besteht, selbst wenn es nicht einmal dann eine Verpflichtung zur Vergabe gibt, wenn der Zielpreis erreicht oder gar unterschritten wurde. Im folgenden Beispiel sind die Stammdaten dargestellt.

• Zielpreis	Gesamtwert (anspruchsvoll)
• Höchstgebot	max. Einstiegsgebot (realistisch)
• Sichtbarkeit	private
• Start Zeitpunkt	17.08.2013
• Startzeit	11.00 Uhr
• Rückmeldefristende (Lieferant)	15.08.2013
• Verlängerung	jeweils 5 Minuten
• Dekrement	1.000 Euro
• Währung	Euro
• End Datum	17.08.2013
• geplante Endzeit	12.00 Uhr
• Zuschlag	manuell an die letzten 3 Bieter

Abbildung 23: Stammdaten einer Internetauktion (Beispiel)

Manche Zurückhaltung gegenüber Internetauktionen basieren auf der Befürchtung, jeder könne ungeprüft an jeder beliebigen Auktion teilnehmen. Dies ist aber nicht der Fall. Die Befürchtungen basieren auf nicht ausreichender Information. Die Sichtbarkeit „private" bedeutet, dass nur zugelassene Bieter Zugriff auf die Informationen haben. Der Nutzer lässt diese einzeln und ausdrücklich zu. Daraufhin erteilt der Auktionator Zugriff. Dieser ist nur mittels eines individuellen Codes möglich. Die Prozedur ist für neue Lieferanten und erprobte Lieferanten gleich. Selbst für Teilnehmer an früheren Auktionen ist diese Prozedur zwingend.

8.3.4 Durchführung der Auktion

Auf diesen Moment, der vielleicht nur eine Stunde dauert, haben alle hingearbeitet. Dies gilt für den Nutzer genauso wie für den Auktionator und die Bieter.

Die Durchführung der Auktion erfolgt – wie der Name schon sagt – mittels Internet. Die Bieter loggen sich auf die Plattform des Auktionators und mittels ihres individuellen Codes in die entsprechende Auktion ein. Selbst zufällig gleichzeitig laufende Auktionen sind ihnen nicht zugänglich. Auf der Startseite haben sie zunächst nur die Möglichkeit, ein Gebot abzugeben. Eventuell schon vorhandene Gebote anderer Bieter sind nicht sichtbar. Erst wenn ein Gebot abgegeben wurde, dass nicht über dem vorgegebenen Höchstgebot liegt, wird der Verlauf der Auktion sichtbar.

In komplexen Auktionen ist eine automatische Korrektur der Gebote möglich. Hierbei können zum Beispiel technische oder kommerzielle Unterschiede ausgeglichen werden. Diese können unter anderem die jeweilige Leistungsfähigkeit des angebotenen Investitionsobjektes betreffen, oder auch Unterschiede in der Logistik. Auch unterschiedliches Risiko (Ein Lieferant hat sich bereits als leistungsfähig und zuverlässig bewährt; ein Anderer ist weitgehend unbekannt.) kann auf diese Weise ausgeglichen werden. Die automatische Korrektur kann als fester Wert, aber auch als Prozentsatz vorgegeben werden. Die Korrektur wird im Zuge der Vorbereitung vom Nutzer vorgegeben.

Alle Bieter haben die Möglichkeit beliebig viele Gebote zu machen, solange sie dies während der Laufzeit der Auktion tun und das vorgegebene Dekrement (Mindestabstand zwischen zwei eigenen Geboten) beachten. Gleiches gilt auch für die beschriebene Verlängerung.
Welcher Einkäufer kennt nicht die Bemerkungen von Lieferanten, die nicht zum Zuge gekommen sind? Sie hätten gerne ihre Preise nachgebessert, um doch noch die fragliche Bestellung zu erhalten. Im Zuge einer Auktion ist Nachbesserung möglich, so oft der Bieter dies möchte. Für die leistungsfähigsten Lieferanten ist die Internetauktion eher eine Chance als ein Risiko.

Bei möglichst freiem Informationszugang für die Bieter können diese den Auktionsverlauf folgen. Dabei ist auch die Struktur der Bieter sichtbar. Diese sind zwar codiert, aber unterscheidbar. Dadurch ist erkennbar, ob nur ein Bieter günstige Gebote macht, oder es einen Trend gibt. Dies ist als vertrauensbildende Maßnahme anzusehen.

Ein Auktionsergebnis ist gültig, wenn die vereinbarte Dauer der Auktion einschließlich Verlängerungen abgelaufen ist. Weiterhin muss der Zielpreis erreicht oder unterschritten worden sein.

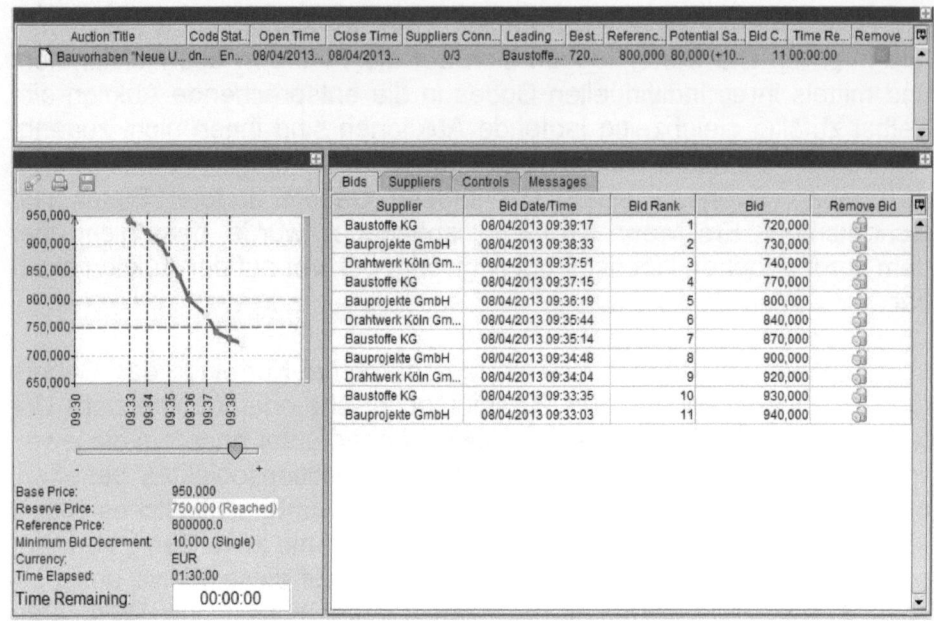

Abbildung 24: Ablauf Internetauktion (Beispiel) [4]

Die Abbildung 24 zeigt den Ablauf einer Auktion. Das Bild und der Ablauf unterscheiden sich bei einem Investitionsobjekt nicht signifikant von einer solchen bezüglich Fertigungsmaterial oder einer Dienstleistung.

4) Quelle: BravoSolution GmbH, Unterhaching

8.3.5 Nachbereitung der Auktion

Nach der Auktion ist in aller Regel noch keine Bestellung erteilt. Als Ausnahme könnte allenfalls die automatische Vergabe an den Bestbieter angesehen werden. Aber selbst in diesem Fall wird man üblicherweise eine formale Bestellung erstellen, schon allein aus formalen internen Gründen, z. B. der Erfassung und späteren Abwicklung im ERP-System.

Es erscheint empfehlenswert, mit dem ausgewählten Leistungserbringer noch eine Abschlussverhandlung zu führen. Diese stellt keine ergänzende Preisverhandlung dar. Dafür hat die Auktion stattgefunden. Es mag aber noch um logistische Detailfragen gehen, die nicht allgemeingültig in die Auktion aufzunehmen waren. In jedem Fall ist dies eine gute Gelegenheit, noch einmal die Details zu besprechen, bevor Missverständnisse sich zementieren.

Kritische Punkte zur Spezifikation sollten noch einmal durchgesprochen werden. Leider werden auch bei Auktionen mitunter wichtige Vorschriften übersehen. Mancher Bieter hat sich vorgenommen, über Finanzierung, technische Details und Termin der Leistungserbringung „später noch einmal zu reden". Es ist sicher besser, den hieraus entstehenden Problemen beizeiten entgegenzuwirken.

Weiterhin können zusätzliche Punkte aufgegriffen werden, die der Sicherung dienen. Dies ist insbesondere von Bedeutung, wenn mit dem zur Diskussion stehenden Lieferanten noch keine – zumindest keine positiven – Erfahrungen vorliegen. Hierzu kommen zum Beispiel infrage

- Recht zum Deckungskauf
- Durchführungsbürgschaft

Das Recht zum Deckungskauf ist bei Investitionsobjekten, die speziell für den Kunden erbracht werden, eine eher unübliche Maßnahme. Es kann aber durchaus interessant sein, wenn es sich um ein relativ einfach zu beschaffendes und austauschbares Gut handelt.

Eine Durchführungsbürgschaft wird man vor allem von Lieferanten verlangen, mit denen praktisch keine Erfahrungen gegeben sind. Daher wird diese nicht unbedingt schon Gegenstand der Auktionsbedingungen sein. Eine Lieferverzugsstrafe wird eher nicht zu diskutieren sein. Es ist dringend zu empfehlen, diese bei Investitionsobjekten stets vorzusehen. Sie wird daher bereits Gegenstand der Auktionsbedingungen sein.

Ein solches Gespräch wird im Sinne einer Restklärung nur noch mit <u>dem</u> ausgewählten Lieferanten stattfinden. Ein weiteres Gespräch mit anderen Bietern wird nur dann nötig, wenn die vorläufige Entscheidung sich durch das Gespräch als falsch herausstellt. Andernfalls werden das Auktionsergebnis und das Ergebnis der Verhandlung in eine formale Bestellung übergeleitet.

Weiterhin ist es erforderlich, die „Verlierer" zu informieren. Dies ist sehr wichtig bezüglich der Bieter, die durch die Auktionsbedingungen selbst infrage gekommen wären. Lautete die Vergabeprozedur „manuell an einen der drei Bestbieter", so gilt das zumindest für die zwei der drei Bestbieter, die eben keine Bestellung erhalten. Insgesamt sollten alle Bieter informiert werden, dass sie in diesem Fall leider nicht berücksichtigt werden konnten. Man bedankt sich für die Mühe und kündigt an, sie beim nächsten Bedarf wieder einzubeziehen. Das kostet wenig Mühe, fördert aber das Ansehen. Zumindest wird Demotivation vermieden, und die Bieter nehmen – hoffentlich – auch an der nächsten Auktion wieder teil.

8.3.6 Erfolgsmessung

Eine weitere Aufgabe ist das Ermitteln des Ergebnisses und dessen Report. Klappern gehört zum Handwerk. Vielleicht ist sogar eine Erfolgsstory angesagt. Internetauktionen sind auch heute noch eher eine Ausnahme im Geschäft. Da kann es nicht schaden, das positive Ergebnis unter Angabe von Details zu verbreiten.

Die Erfolgsmessung beginnt mit den Kosten für die Auktion. Da ist zunächst einmal das Honorar für den Auktionator zu sehen. Dies kann aus einem Abwicklungshonorar, einem Erfolgshonorar oder einer Kombination von beidem bestehen. Weitere Kosten sollten im Normalfall nicht gegeben sein. Ein Internetanschluss war sicherlich ohnehin schon gegeben. Vielfach wird beklagt, die Vorbereitung einer Internetauktion sei sehr aufwändig, da viele / alle Informationen bereitgestellt werden müssen und schon zu einem frühen Zeitpunkt eine Vergleichbarkeit hergestellt werden muss. Wenn man die Fakten genau betrachtet, ist dies kein Mehraufwand, allenfalls eine Vorziehung des Zeitpunkts. Auf jeden Fall wird der Zeitaufwand für Verhandlungen deutlich verringert. Dies wird durch die Zeit, der man dem Auktionsablauf als Zuschauer folgt, bei weitem nicht aufgehoben. Es mag allerdings sein, das aktives Verhandeln individuell mehr Spaß macht. Effektiver ist das nicht.

Den Kosten wird der Ertrag gegenüber gestellt. Dieser kann sich ergeben aus Preisen / Kosten ohne Auktion

- frühere Preise / Kosten
- Vergleichspreise
- niedrigstes eingeholtes Angebot
- Budgetwert

8.3.7 Umfeld-Voraussetzungen

Für eine Internetauktion ist ein bestimmtes Umfeld erforderlich. Dabei ist der Einkauf von entscheidender Bedeutung. Die Vorteile einer Internetauktion müssen erkannt werden. Manche Einkäufer halten ihre persönliche Verhandlungsfähigkeit für so umfassend, dass sie diese über die Kräfte des Marktes stellen. Praktischer Wettbewerb beflügelt den Markt aber stets deutlicher als jedes – theoretische – Argument. Der Effekt des Wettbewerbs ist während einer Auktion deutlich zu erkennen.

Die Akzeptanz im Unternehmen ist wichtig. Dies beginnt mit der Geschäftsführung. Sie muss in jedem Fall informiert sein und sollte Ablauf und Wirkungsweise einer Auktion kennen. Zumindest ist eine Akzeptanz einer Auktion notwendig. Besser wäre, die Geschäftsführung würde die Durchführung von Auktionen auf der Einkaufsseite fördern – selbst wenn sie diese auf der Vertriebsseite nicht sucht.

Das Mitwirken des Investors ist ebenso wichtig. Er muss informiert und in die Abläufe eingebunden sein. Dazu gehört die Erkenntnis, dass die Auktion vor allem ihm, dem Investor, hilft. Die Spezifikation ist im Detail abzustimmen. Der Investor muss sich mit seinen Wünschen und Bedürfnissen in der Spezifikation wiederfinden. Weiterhin ist es notwendig, dass der Investor sich ergebende Lieferanten mit trägt, mit verantwortet und letztlich ermöglicht. Die Übereinstimmung mit dem Investor muss frühestmöglich herbeigeführt werden. Zuerst organisieren oder gar durchführen und dann erst informieren, wäre ganz sicher weder hilfreich noch zielführend. Niemand möchte gerne vor vollendete Tatsachen gestellt werden, auch wenn diese Tatsachen eigentlich positiv zu bewerten wären.

Letztlich benötigt man auch einen Auktionator, mit dem ein offener Austausch über die Möglichkeiten geführt werden kann. Ob dem Auktionator Verantwortung für den Erfolg (Erfolgshonorar) überlassen wird, mag im Einzelfall abgewogen werden. Eigentlich sollte das nicht notwendig sein.

In jedem Fall sollte der Auktionator leistungsfähig und -bereit vom ersten Tag an sein.

8.3.8 Fazit

Internetauktionen sind ein Werkzeug, das für eine Reihe von Materialien und Leistungen genutzt werden kann. Inzwischen hat sich herausgestellt, dass dieses Werkzeug auch für Investitionen hilfreich ist. Es führt nicht zuletzt zu mehr Markttransparenz.

Sicher ist eine Internetauktion nicht für alle anstehenden Vorgänge geeignet. Je höher die Komplexität, je weniger potenzielle Lieferanten verfügbar sind, desto problematischer kann eine Auktion werden. Auf jeden Fall steigt die in die Vorbereitung zu investierende Zeit.

Internetauktionen führen wohl kaum zu einer grundlegenden Veränderung des Marktes und seiner Teilnehmer, aber sie können die eigene Position im Markt verbessern.

Eine Teilnahme an Internetauktionen nutzt auch den leistungsfähigen Lieferanten. Sie haben die Möglichkeit, sich den Erfordernissen anzupassen. Sie sind nicht aus dem Rennen, wenn ein erstes Angebot „zu hoch" war. Bei konventionellem Vorgehen geschieht das leicht.

Zusammengefasst kann man sagen, dass Internetauktionen nur dem schaden, der sie nicht nutzt bzw. aus Gründen wie auch immer als „nicht zum Unternehmen passend" für sich ausschließt. Dabei ist es nicht entscheidend, ob dies für die Einkaufsseite, die Verkaufsseite oder beide gilt. In jedem Fall werden Chancen vertan.

8.4 Endgültige Lieferantenentscheidung

Bereits zur Internetauktion wurde im Abschnitt 8.3.5 Nachbereitung der Auktion einige Anmerkungen zur endgültigen Endscheidungen gemacht. Auf jeden Fall, sind aber einige Fakten zu berücksichtigen, bevor eine endgültige Endscheidung getroffen wird. Dabei ist es relativ unwichtig, ob die Vorbereitung auf dem Wege einer Internetauktion oder einer klassischen Verhandlung erfolgt ist. Auf jeden Fall sind alle relevanten Faktoren einzubeziehen. Dies gilt für die quantitativen wie qualitativen Faktoren.

8.4.1 Hartfacts

Für eine Vergabeentscheidung sind nicht zuletzt die Hartfacts wichtig. Diese fallen sofort ins Auge und sind nicht zuletzt Gegenstand des Angebotsvergleiches. Dazu gehören nicht zuletzt

- Preise / direkte Kosten
- Betriebskosten
- Kosten / Entsorgung am Ende der Nutzungsdauer
- Weiterverkauf (Erlös)
- Risiken (z. B. finanzielle Risiken)
- Zeitfaktoren

Auf diese Faktoren wurde bereits im Abschnitt 7 ausführlich eingegangen. Rechenbare Faktoren lassen sich relativ leicht in einen Vergleich einbeziehen und machen eine objektivierte Entscheidung gut und nachvollziehbar möglich.

8.4.2 Softfacts

Es gibt aber auch andere Faktoren, die nicht so einfach zu berechnen sind, Softfacts. Viele Unternehmen sind inzwischen zertifiziert und folgen bestimmten Philosophien. Damit wird nicht zuletzt den Wünschen wichtiger Kunden entsprochen.

Im privaten Umfeld mag es Personen geben, mit denen man nicht gerne zusammengesehen würde. Im geschäftlichen Umfeld ist dies nicht viel anders. Da mag es Lieferanten geben, mit denen möchte man nicht unbedingt in Zusammenhang gebracht werden. Das eigene Unternehmen ist

- solide finanziert
- steht zu Recht und Gesetz
- lehnt Kinderarbeit ab
- steht für gute Unternehmensführung (Compliance)
- usw.

Man ist auf seinen guten Ruf bedacht und möchte nicht als „schlechtes Beispiel" in der Presse erscheinen. Vielleicht spielen auch Aufträge aus dem öffentlichen Raum eine Rolle.

Endet eine Philosophie am Werkstor? Inzwischen hat sich durchgesetzt, dass diese auch auf die Lieferanten übertragen wird. Dort wird ein entsprechendes Verhalten erwartet. Grundsätzlich sollte es so zu einer durchgestochenen oder vernetzten Strategie kommen, der die ganze Lieferantenkette folgt. Sicher wird sich dies kurz- und mittelfristig kaum bewerkstelligen lassen. Wer will schon einem Goldbarren ansehen, ob an irgendeiner Stelle der Wertschöpfung Kinderarbeit oder anderes nicht akzeptables Verhalten im Spiel war? Das ist über die vielschichtige Wertschöpfung hinweg praktisch nicht nachzuvollziehen. Dennoch wird man auf Goldbarren nicht verzichten können. Andernfalls würde es nicht nur deutlich weniger Schmuck, sondern auch keine vergoldeten Kontakte mehr geben.

Das darf aber kein Hindernis sein, zumindest auf die nächste Stufe, den Lieferanten, zu schauen. Vielleicht schaut der auch auf seinen Lieferanten. Das wäre zumindest schon ein Anfang. Grundsätze gehören zum Unternehmen. Dazu gehört auch, dass nur solche Lieferanten ausgewählt werden, die zum Unternehmen passen. Diese Aussage gilt grundsätzlich für alle Lieferanten, ob sie Materialien liefern, Dienstleistungen erbringen oder Investitionsobjekte liefern.

Investitionsobjekte von einigem Wert sollten ausschließlich von Lieferanten kommen, die Zertifikate entsprechend ISO 9001, ISO 14001 und OHSAS 18001 vorweisen können. Diese Zertifikate sind kein Freibrief. Sie haben auch nur einen eingeschränkten Wert, sind aber zumindest ein wichtiges Indiz.

Vereinfacht ausgedrückt, gewährleistet eine Zertifizierung nach ISO 9001, dass dieses Unternehmen über ein gut organisiertes Qualitätsmanagement verfügt, Qualitätsfähigkeit vorhanden ist. Das Zertifikat wird von einem Zertifizierungsunternehmen erteilt, nachdem ein ausgiebiger Audit erfolgt ist. Die Situation wird regelmäßig überprüft und Zertifikate erneuert. Wenn man Zertifikate betrachtet, sollte man Ausstellungsdatum und Gültigkeitsdauer beachten.

Eine Zertifizierung nach ISO 14001 bezieht sich auf das Umweltmanagement. Die Abläufe sind entsprechend dem des Qualitätsmanagements. Häufig findet man eine Kombination von beidem.

Ähnlich verhält es sich mit der Zertifizierung nach OHSAS 18001. Hier geht es um Arbeits- und Gesundheitsschutz. Diese jüngste der drei Zertifizierungen ist noch nicht so weit verbreitet wie die beiden anderen, verdient aber nicht weniger an Bedeutung.

Diese Zertifikate werden grundsätzlich weltweit nach gleichen Kriterien erteilt. Dennoch kann es Sinn machen, noch einmal genauer hinzusehen. Es geht nicht darum, das Audit der Zertifizierungsgesellschaft durch einen gleichen Audit noch einmal abzusichern. Aber, das nochmalige Hinsehen auf einzelne Punkte kann nicht schaden. Schließlich ist auch das Zertifizierungsaudit letztlich auch nur eine Momentaufnahme. Insbesondere, wenn es um Zertifikate von Unternehmen in Schwellen- und Entwicklungsländern geht, ist dies angezeigt. Dort besteht oft der Wert der Zertifizierung immer noch im Besitz des Zertifikats, nicht im Ausfüllen der dahinter liegenden Philosophie und Strategie.

Ein typisches Zertifikat, das alle drei vorerwähnten Typen beinhaltet, ist in Abbildung 28 zu sehen.

Ein weiterer wichtiger Punkt ist die Unternehmensführung des Lieferanten. Mit einem Code of Conduct verpflichten sich die entsprechenden Unternehmen zu einer Unternehmensführung in sozialer Verantwortung. Dies beinhaltet unter anderem die Ächtung von Kinderarbeit (auch bei Lieferanten) und die von Bestechung und Bestechlichkeit. Der Code of Conduct basiert auf einer UN-Richtlinie. Aufbereitete Texte gibt es z. B. beim ZVEI und beim BME. Im Anhang 2 ist ein konkretes Beispiel dargestellt. Aus Platzgründen sind nur die erste und die letzte Seite abgebildet. Interessanterweise hat im vorliegenden Fall die gesamte Führungsriege des Unternehmens unterschrieben. Es wird damit ausgedrückt, dass wirklich das gesamte Unternehmen, die Verantwortlichen aller Bereiche hinter dieser Philosophie stehen.

Zur Philosophie mancher Unternehmen zählt es, dass Investitionsobjekte grundsätzlich in Deutschland gekauft werden. Bezugsmöglichkeiten in Österreich und Schweiz führen bereits zum Grübeln. Ist das berechtigt? Deutschland ist nicht Exportweltmeister im Export von Schrauben und Nieten, aber im Export von Maschinen und maschinellen Anlagen. Das hat sicher gute Gründe. Auf der anderen Seite dürfen günstige Bezugsmöglichkeiten nicht von vornerein ausgeschlossen werden. Das gilt sicher für den Anfragekreis, gilt aber auch für die endgültige Entscheidung für oder gegen einen Lieferanten. Einige Praxisbeispiele sind im Folgenden angeführt.

> Ein namhaftes Unternehmen in Deutschland errichtet ein neues integriertes Stahlwerk in Übersee. Am Ende stehen zwei potenzielle Lieferanten in der Endausscheidung. Es handelt sich um ein chinesisches Unternehmen, das bisher Erfahrungen in der chinesischen Stahlindustrie gesammelt hat und die konzerneigene Maschinenbausparte. Nach mehreren Diskussionen auf verschiedenen Hierarchieebenen wird das chinesische Unternehmen beauftragt.
>
> Verzögerungen stellen sich ein. Schließlich wirft der chinesische Lieferant das Handtuch. Das konzerneigene Unternehmen stellt die Anlage fertig. Mit den Entscheidern möchte wahrscheinlich niemand wirklich tauschen.
>
> Was ist der Effekt? Wahrscheinlich hat es einen erheblichen Knowhow-Transfer gegeben. Der chinesische Lieferant hat sicher erhebliche Unterstützung bekommen, um das Objekt doch noch fertigzustellen. Wie in derartigen Objekten üblich, dürften erhebliche Anzahlungen geleistet worden sein. Ob dieser Lieferant für die Verzögerungen zur Rechenschaft gezogen werden kann (Schadenersatz), mag hier nicht beurteilt werden. Im internationalen Geschäft ist Rechtssicherheit mitunter recht unsicher.
>
> Der eigentliche und sehr erhebliche Schaden, dürfte die Zeitverzögerung sein. Die Finanzierung läuft, aber die Produktion nicht. In Branchen, in denen weder Materialeinsatz noch Personal die größten Posten in der Kalkulation darstellen, sondern Abschreibung und Finanzierung der Investition, ist dies eine mittlere Katastrophe.

Abbildung 25: Stahlwerk (Praxisbeispiel)

> Für die Fußballweltmeisterschaft in Polen und der Ukraine werden neue Autobahnen gebaut. Dies ist eine Leistung, die vor allem vor Ort erbracht werden muss. Sie dürfte in Ausschreibungen eindeutig beschrieben worden sein. Ein chinesisches Unternehmen hat diese gewonnen. Bei Ausschreibungen ist es nicht einfach, einen Anbieter auszugrenzen. Wahrscheinlich gab es dazu zum Zeitpunkt der Vergabeentscheidung auch keine Veranlassung.
>
> Letztlich hat der Leistungserbringer das Werk nicht fertiggestellt. Die Gründe für die Einstellung der Leistung sind nicht bekannt. Bei Bauleistungen sind zeitnahe Abschlagszahlungen üblich. Das dürfte auch hier der Fall gewesen sein.
>
> Schließlich mussten andere Lieferanten gewonnen werden, das Werk fertigzustellen. Dies erfolgte – naturgemäß – nicht aus einer Position der Stärke, sondern unter Druck. Die Autobahn wird für die Weltmeisterschaft benötigt und nicht ein Jahr später. Für aufwändige Ausschreibungen bleibt da wenig Zeit. Auch hier könnte das internationale Geschäft Schadenersatzforderungen in den Bereich der Theorie verbannen. Zeit ist Geld, und manchmal kostet verlorene Zeit Geld.

Abbildung 26:   Autobahnbau (Praxisbeispiel)

> Deutsche Unternehmen waren bisher führend in Bezug auf Photovoltaik. Nicht zuletzt durch die Subvention der installierten Photovoltaik-Anlagen war dies ein einträgliches Geschäft. Inzwischen dringen chinesische Anbieter auf den Markt. Aufgrund guter Fertigungstechnologie und den Kostenvorteilen des Produktionsstandorts rollen inzwischen chinesische Anbieter den Markt auf. Mehrere deutsche Anbieter haben inzwischen Insolvenz angemeldet. Das Ende der Marktveränderungen ist sicher noch nicht erreicht.
>
> Was geschieht mit Kunden, die bereits beliefert worden sind? Werden sie ihre Gewährleistungsansprüche behalten? Was passiert mit dem Service, mit den Ersatzteilen? Bei einer Insolvenz müssen alle diese Faktoren als zweifelhaft eingeschätzt werden.
>
> Was ist aber mit den Kunden, die noch nicht beliefert worden sind? Im Zweifel müssen sie die Belieferung zulassen, obwohl verschiedene Punkte des Vertrages faktisch gegenstandslos geworden sind. Ein Deckungskauf bei einem chinesischen Anbieter könnte als Alternative eine interessante Variante sein. Ein Unternehmen mit niedrigerem Preis könnte liefern, und bliebe auch für die Zukunft erhalten. Bleibt nur noch die Lieferzeit einschließlich Logistik. – Oder?

Abbildung 27: Photovoltaik (Praxisbeispiel)

Die Entscheidung ist sicher nicht einfach. Im Nachhinein ist man ohnehin klüger als vorher. Es ist aber auch nicht angesagt, Lieferanten leicht oder gar leichtfertig auszuwählen.

Beim Umweltschutz spielen neben der vorgenannten Zertifizierung nach ISO 14001 weitere Gesichtspunkte eine Rolle, auf die zu achten ist. Hier sind die Umwelteinflüsse durch den Betrieb des Objektes zu sehen. Diese können z. B. sein

- Abgas
- Lärm
- kritische Substanzen (Gifte)

Abbildung 28: Zertifikat bezüglich Qualität, Umwelt und Arbeitssicherheit und Gesundheitsschutz (Beispiel) [5]

5) Quelle: Phoenix Contact GmbH & Co. KG, Blomberg

Weiterhin sind Umwelteinflüsse, durch bei der Herstellung des Investitionsobjektes verwendetes Material und zu verwendende Betriebsstoffe, zu betrachten. Diese können z. B. sein

- Verwendetes Material
    - Asbest
    - Cadmium
    - Lote
- Betriebsstoffe
    - Öle, Fette, Schmierstoffe
    - Kühlschmiermittel
    - Trennmittel
    - Schneidöle
    - Farben und Lacke
    - usw.

Die Sicherheitsanforderungen sind ebenfalls zu betrachten. Kennzeichnungen wie GS und EC sind wichtig. Es können aber auch weitere Sicherheitsanforderungen notwendig sein. Dies kann vom Ort des Betriebs abhängig sein. So hat sicher ein Betrieb, der in einem Wasserschutzgebiet angesiedelt ist, andere Anforderungen als ein solcher in einem normalen Gewerbe- oder Industriegebiet. Ein Betrieb in einem Misch- oder Wohngebiet hat ebenfalls besondere Rücksichten zu nehmen. Auch spielt der Aufstellungsort innerhalb des Betriebes eine Rolle. Werkzeugmaschinen innerhalb einer Montagehalle werden anderen Voraussetzungen entsprechen müssen als solche in einer Halle, in der lediglich Maschinen dieser Art betrieben werden.

Besondere Sicherheits-Anforderungen können sein

- lokale Sicherheitsvorschriften (Gesetze, Verordnungen usw.)
- max. Geräuschpegel
- Emissionen / Immissionen

Zum Teil klingen Sicherheitsvorschriften ähnlich wie Umweltanforderungen. Sicherheitsvorschriften schützen vor allem das eigene Personal, während Umweltanforderungen die Allgemeinheit betreffen.

Die Thematik ist komplex. Wenn eine Absaugung von Dämpfen aus Sicherheitsaspekten ausreichend wäre, ist dies wegen der an die Umwelt abzugebenden Stoffe aus Umweltgründen vielleicht unzulässig. Eine Maschine entspricht dem zulässigen Lärmpegel generell, kann aber ohne Einhausung nicht in einer Montagehalle betrieben werden. Es ist kaum davon auszugehen, dass die Monteure durchgängig einen Gehörschutz tragen.

8.4.3 Gemeinsame Entscheidung der Beteiligten

Die endgültige Endscheidung für einen Lieferanten sollte stets gemeinsam getroffen werden. Investor und Einkauf müssen die Entscheidung gemeinsam mögen. Andernfalls sind Probleme vorprogrammiert. Wenn der Investor die getroffene Entscheidung nicht mag, wird er diese vermutlich nicht akzeptieren. Ob eine „ungeliebte" Werkzeugmaschine wirklich jemals zur vollen Zufriedenheit funktioniert, darf bezweifelt werden. Da ist Sensibilität gefragt!

Auf der anderen Seite muss die Entscheidung für einen Lieferanten nachvollziehbar sein. Im Zweifel müssen die Beteiligten die „quälenden Fragen" einer Innenrevision überstehen können. Darüber ist man sich besser schon im Klaren, wenn die Entscheidung ansteht.

9. Die Bestellung

Nach vollständiger Klärung und der internen Genehmigung wird es zur Bestellung kommen. Auch bei Bestellungen über Investitionsobjekte sollte diese immer in Schriftform erfolgen. Dies ist auch dann der Fall, wenn der eigentliche Vertrag bereits durch die abschließende Verhandlung und entsprechende Protokollierung zustande gekommen ist.

Bei der Erarbeitung der Bestellung sollten vor allem folgende Regeln beachtet werden:

- Bestellung im Standard-Prozess
- eindeutige Beschreibung aller Details
- Verweis auf Dokumente (statt Beschreibung) vermeiden
- kein bloßer Hinweis „gemäß Angebot"
- eindeutige Preise
- eindeutige Bedingungen
- eindeutige Termine (nach dem Kalender bestimmbar)

Eine Bestellung sollte stets im Zuge eines Standard-Prozesses erstellt werden. Dies gilt auch für solche, die ein Investitionsobjekt zum Gegenstand haben. Damit sind dann auch eine Speicherung und die spätere Bearbeitbarkeit im ERP-System (z. B. SAP oder BaaN) gegeben.

Eine Bestellung ist ein Dokument, auf dem die weitere kaufmännische Bearbeitung basiert. Klartext ist gefragt! Demzufolge sind die Details eindeutig zu beschreiben. Ein Verweis auf bestimmte Dokumente sollte vermieden werden. Hier kämen z. B. das Angebot und verschiedene Besprechungsprotokolle infrage. Dieses Verfahren würde jedoch das Lesen und Verstehen der Bestellung erheblich erschweren. Außerdem werden diese Dokumente damit nicht durch die Bestellung abgelöst, sondern durch sie weiter gültig gehalten.

Hiervon ist auch die technische Beschreibung des Investitionsobjektes betroffen. Der Hinweis auf Zeichnungen ist möglich, muss jedoch eindeutig sein. Das betroffene Dokument muss eindeutig deklariert sein, einschließlich Änderungsstand (Index mit Nummer und Datum). Der Hinweis „beigefügte Zeichnung" ist sicher keine ausreichende Beschreibung, die zu der notwendigen Klarstellung führt.

Der Preis muss eindeutig beschrieben sein, gegebenenfalls einschließlich einer vereinbarten Gliederung. In jedem Fall sind Wert und Währung erforderlich.

Ebenfalls sind die Bedingungen vollständig und eindeutig zu beschreiben. Auch hier könnte ein Hinweis auf irgendein Dokument Missverständnissen Vorschub leisten.

Die Terminierung sollte eindeutig und nach dem Kalender bestimmbar sein. Bei Investitionsobjekten empfiehlt sich ein Terminplan mit eindeutigen Meilensteinen.

9.1 Bestelldetails

Die in der Bestellung aufgeführten Details kommen nicht erst im Zuge der Bestellung zutage. Sie haben sich vielmehr durch den ganzen Prozess bis hier hin gezogen. Sie sollten schon in der Anfrage benannt worden sein. Sie werden allerdings hier aufgeführt, um eine Mehrfacherläuterung zu vermeiden.

9.1.1 Beschreibung des Investitionsobjektes

Die Folgen von zweiseitigen Verträgen sind in aller Regel Leistung und Gegenleistung. Das Investitionsobjekt ist die Leistung, die vom Lieferanten zu erbringen ist. Sie verdient eine eindeutige und ausführliche Beschreibung. Ein Hinweis auf andere Dokumente (z. B. das Angebot des Lieferanten) ist vor diesem Hintergrund eher unangemessen, würde zu kurz greifen.

Das Investitionsobjekt ist eindeutig und vollständig zu beschreiben. Dazu dienen als Vorlagen

- Beschreibung aus der Anfrage
- Beschreibung des Angebotsumfangs
- Detailvereinbarungen aus der Verhandlung mit dem Lieferanten

Die Beschreibung muss vollständig sein, muss aber mit den Absprachen aus der Verhandlung bzw. mit denen der Verhandlung übereinstimmen. Andernfalls darf man nicht mit einer „einfachen" Bestellungsannahme rechnen.

Spätestens mit der Bestellung wird eine Grundlage für die Bestellbearbeitung geschaffen. Sorgfältiges Vorgehen und klare Formulierung zahlen sich aus. Grundsätzlich hat die Schriftform Anspruch auf Vollständigkeit. Der Bezug auf andere Dokumente könnte auch „über die Hintertür" andere Inhalte dieser Dokumente zum Vertragsinhalt machen. Unerwünschte Nebeneffekte sind damit vorprogrammiert. Exakte und durchgängige Formulierung hilft, mögliche Missdeutungen und somit nachträgliche Diskussionen zu vermeiden.

Unklare formulierte Inhalte haben Folgen. Diese

- sind letztlich nicht vereinbart
- sind vielleicht objektiv nicht verfügbar
- können zu zusätzlichen Kosten führen

In gleicher Art und Weise wie für das Investitionsobjekt selbst gilt dieser Hinweis auch für Bedingungen und Termine.

9.1.2 Zahlungsmodalitäten

Nach dem Grundsatz, dass eine Gegenleistung nach einer Leistung erfolgt, würde die Zahlung für ein Investitionsobjekt grundsätzlich erst nach der Erbringung der Leistung erfolgen. Die Geschäfte werden Zug um Zug abgewickelt. Bei normalen Liefergeschäften ist dies allgemein üblich.

Die Lieferanten für Investitionsobjekte sehen dies traditionell anders. Sie erwarten gestaffelte Zahlungen. In der Praxis können diese wie folgt aussehen:

- 1/3 bei Bestellung
- 1/3 nach Lieferung
- 1/3 nach Inbetriebnahme

Wer diese Wünsche akzeptiert, wird den Großteil der Zahlungen leisten, bevor der Lieferant seinen Anteil am Vertrag geleistet hat. Vielleicht erfolgt ein Teil der Zahlungen bereits vor dem Zustandekommen des Vertrages.

Eine Zahlung vorzunehmen, noch bevor eine Bestellungsannahme vorliegt, sollte auf gar keinen Fall infrage kommen. Erst muss das Zustandekommen des Vertrages in allen Details klar sein.

Selbst eine Zahlung nach Lieferung (oder gar nach Meldung der Versandbereitschaft) bedeutet eine Gegenleistung bevor die vollständige Leistung erbracht wurde.

Die Inbetriebnahme muss nicht gleichbedeutend mit der Übernahme durch den Kunden sein. Hierunter könnte auch der Beginn des Probebetriebes verstanden werden. Wird dieser nicht erfolgreich beendet, ist vielleicht schon die vollständige Zahlung erfolgt, ohne dass die Leistung erbracht wurde. Eine Diskussion über Wandlung oder Minderung dürfte sich vor diesem Hintergrund schwierig gestalten, zumindest für den Kunden. Ähnliches gilt für die Durchsetzung von Ansprüchen aus Gewährleistung.

Folgt man der Argumentation der Lieferanten, so ist eine Anzahlung vor allem notwendig, um auflaufende Kosten für Material und Personal zahlen zu können. Weiterhin soll mit der Anzahlung sichergestellt werden, dass der Kunde das Investitionsobjekt tatsächlich abnimmt.

Offenbar gibt es für Material, das Lieferanten von Investitionsobjekten benötigen, keine Zahlungsfristen. Ob die Lieferanten von Investitionsobjekten ihr Material nur gegen Vorkasse bekommen? Sollte dies im Einzelfall gegeben sein, wäre ganz besondere Vorsicht gegenüber diesem Lieferanten angezeigt. Seine Lieferanten, die ihn sicher gut kennen, haben offenbar kein Vertrauen in seine Solvenz.

In der Realität ist das Verlangen von Anzahlungen eine besondere Form der Unternehmensfinanzierung, und das zulasten der Kunden. Vor diesem Hintergrund sollte eine vorzeitige Zahlung (Anzahlung) nicht ohne entsprechende Gegenleistung vereinbart werden. Der Kunde ist keine Bank!

Das Sicherheitsbedürfnis der Investitionsobjektelieferanten ist vielleicht nachvollziehbar, zeigt aber erhebliches Misstrauen. Gleichzeitig wird erhebliches Vertrauen der Kunden erwartet. Diese sollen ohne hinreichende Sicherheiten Zahlungen leisten. Erstaunlich! Wie ist im Gegenzug die Meinung des Lieferanten zu einer Durchführungsbürgschaft? Damit könnte dann der Kunde sehr sicher sein, dass der Lieferant tatsächlich den geschlossenen Vertrag erfüllt.

Grundsätzlich sollte die Zahlung für Investitionsobjekte nicht vor der vollständigen Leistungserbringung erfolgen. Alle diesbezüglichen Zugeständnisse lassen eine Gegenleistung erforderlich erscheinen verlangen nach entsprechenden Sicherheiten. Die am meisten gebräuchliche Form der Sicherheitsleistung ist die Bankbürgschaft. Außerdem kommt eine Eigentumsübertragung infrage.

Vielleicht ergibt sich unter Berücksichtigung der vorstehenden Erläuterungen, dass dennoch eine gestaffelte Zahlung sinnvoll ist. Eine solche gestaffelte Zahlung ist in Abbildung 29 dargestellt.

25 %	nach Bestellung und widerspruchsfreier Bestellungsannahme gegen Stellung einer Bankbürgschaft in gleicher Höhe
50 %	nach Lieferung des Investitionsobjektes und formale Eigentumsübertragung. Ist diese nicht möglich, erfolgt die Zahlung gegen Stellung einer Bankbürgschaft in gleicher Höhe
15 %	nach Übernahme (Abnahme) und Eigentumsübertragung
5 %	Schlusszahlung nach Ablauf der Gewährleistungsfrist. Die Zahlung kann gemeinsam mit der vorhergehenden Zahlung nach Übernahme (Abnahme) erfolgen, wenn eine entsprechende Bankbürgschaft gestellt wird.
Alle Zahlungen erfolgen innerhalb 14 Tagen nach Rechnungseingang, wenn die vorstehenden Voraussetzungen erfüllt sind.	

Abbildung 29:   Gestaffelte Zahlung (Beispiel)

Zahlungsvereinbarungen sind stets ausdrücklich zu vereinbaren. Ohne Übereinstimmung in diesem wichtigen Punkt kann ein Vertrag kaum zustande kommen.

9.1.3   Sicherheiten (Bankbürgschaften)

Wie kann man sicher sein, dass eigenes Geld nicht verloren ist oder bestimmte Leistungen wirklich erbracht werden? Im Geschäftsverkehr haben sich hierfür Bürgschaften, insbesondere Bankbürgschaften durchgesetzt. Auch Versicherungen bieten diesen Service an.

Weder Banken noch Versicherungen tun dies kostenlos. Dem Nutzer der Bankbürgschaft erspart dies jedoch die Hinterlegung von Bargeld bzw. verschafft ihm dieses.

In Zusammenhang mit Investitionen kommen zu verschiedenen Zeitpunkten Bankbürgschaften infrage. Dem Anlass der Bankbürgschaft nach ist nach folgenden Bankbürgschaften zu unterscheiden:

- Durchführungsbürgschaft
- Anzahlungsbürgschaft
- Gewährleistungsbürgschaft

Die Durchführungsbürgschaft soll sicherstellen, dass der Lieferant die vereinbarte Leistung tatsächlich erbringt. Etwaige Schadenersatzansprüche wegen Nichterfüllung könnte aus der Durchführungsbürgschaft befriedigt werden. Erbringt der Lieferant die vereinbarte Leistung nicht, kann sich der Kunde an der Bankbürgschaft schadlos halten.

Die Anzahlungsbürgschaft dient der Sicherung des eigenen Geldes, dass man dem Lieferanten zur Verfügung gestellt hat, bevor dieser seine Leistung erbracht hat. Sie kann daher mit besonderen Rechten ausgestattet werden.

Abbildung 30: Bankbürgschaft für Vorauszahlungen – Anzahlung (Beispiel) [6)]

6) Quelle: Volksbank Rhein-Ruhr eG, Duisburg

Zur Sicherung von möglichen Gewährleistungsansprüchen wird oft Zurückbehaltung eines Teils des Gesamtbestellwertes vereinbart. Meist wird dazu vereinbart, dass dieser Betrag durch eine Gewährleistungsbürgschaft abgelöst werden kann.

Im Zuge einer Bankbürgschaft tritt die ausstellende Bank bis zur maximalen Höhe der Bürgschaft für den Lieferanten ein, sie bürgt für ihn. Grundsätzlich ist es wichtig, darauf zu achten, dass die Bürgschaft folgenden Voraussetzungen entspricht:

- selbstschuldnerische Bürgschaft
- Verzicht auf Einrede der Vorausklage
- vereinbarter Betrag einschließlich MwSt.
- ausreichende Terminierung

Die Banken arbeiten inzwischen mit Vordrucken, die den rechtlichen Rahmen beinhalten. An den Einschluss der Mehrwertsteuer in die Bürgschaft muss selbst gedacht werden. Wird nur der Nettobetrag durch die Bankbürgschaft gedeckt, ist die an die Finanzbehörden zu zahlende Mehrwertsteuer nicht abgedeckt, aber gegebenenfalls trotzdem zu zahlen.

Eine ausreichende Terminierung ist ebenfalls zu beachten. Bankbürgschaften kosten Geld. Die Kosten werden vor allem durch den Nennbetrag und die Gültigkeitsdauer bestimmt. Der Lieferant wird also bestrebt sein, beides so niedrig wie möglich zu halten.

Wird die Gültigkeitsdauer nur direkt an den vertraglich vereinbarten Terminen gespiegelt, kann eine Lieferverzögerung bzw. eine verlängerte Gewährleistungsfrist über das Ende der Gültigkeit der Bankbürgschaften hinaus reichen. Dies muss im Vorfeld bedacht und vereinbart werden. Wenn der Fall aktuell wird, ist es dafür meist zu spät.

> Ein Vertrag über die Lieferung einer Werkzeugmaschine sieht eine Anzahlung über 25 % des Auftragswertes vor, zahlbar nach widerspruchsfreier Bestellungsannahme gegen Bankbürgschaft. Als Übergabetermin wird der 15. Februar 2013 vereinbart.
>
> Die mit der Anzahlungsrechnung über den entsprechenden Betrag zuzüglich Mehrwertsteuer erhaltene Bankbürgschaft lautet über den richtigen Betrag und ist gültig bis zum 28. Februar 2013.
>
> Die Lieferung verzögert sich. Nach letzter Aussage des Lieferanten wird die Maschine spätestens am 10. März 2013 eintreffen. Wegen „der paar Tage" wird auf die formale Verlängerung der Bankbürgschaft verzichtet.
>
> Am 6. März 2013 trifft ein Schreiben des Konkursverwalters ein, in dem mitgeteilt wird, dass befreiende Zahlungen nur noch auf ein bestimmtes Bankkonto geleistet werden dürfen und etwaige Forderungen zur Konkursmasse bis spätestens 20. März 2013 anzumelden sind.
>
> Folge:
>
> Die „Sicherheit" ist keine mehr. Mit Glück bekommt man zumindest die bestellte Maschine geliefert und einen Teil des angezahlten Betrages aus der Konkursmasse erstattet.

Abbildung 31:   Terminierung einer Anzahlungsbürgschaft (Beispiel)

Die Abbildung 31 zeigt das Beispiel einer Anzahlungsbürgschaft. Eine Bankbürgschaft für Lieferungen und Leistungen, wie z. B. für Durchführungsbürgschaften zeigt Abbildung 32. Ein Beispiel für eine Gewährleistungsbürgschaft zeigt Abbildung 33.

Bankbürgschaften sind nach Entfall des zu sichernden Faktes, spätestens aber nach Ablauf an die ausstellende Bank zurückzugeben.

Bankbürgschaft für Lieferungen und Leistungen
(Vertragserfüllungsbürgschaft)

Zur bankinternen Bearbeitung
Nr

Bank
Volksbank Rhein-Ruhr eG
Düsseldorfer Straße 11-13
47051 Duisburg

Auftragnehmer	Auftraggeber

1 Der Auftragnehmer hat für den Auftraggeber aufgrund des Auftrags/Vertrags vom _____ ,
Nr. _____ folgende Lieferungen/Leistungen ☐ auszuführen ☐ ausgeführt:

2 Für die vertragsgemäße Ausführung der dem Auftragnehmer übertragenen Lieferungen/Leistungen übernimmt die Bank hiermit gegenüber dem Auftraggeber unter Verzicht auf die Einreden der Anfechtbarkeit, der Vorausklage sowie der Aufrechenbarkeit wegen bestrittener oder nicht rechtskräftig festgestellter Forderungen (§§ 770, 771 BGB) die selbstschuldnerische Bürgschaft bis zum Höchstbetrag von

EUR	In Worten:

mit der Maßgabe, dass die Bank aus dieser Bürgschaft nur auf Zahlung in Geld in Anspruch genommen werden kann.

Diese Bürgschaft umfasst nicht Ansprüche auf Rückzahlung geleisteter Vorauszahlungen und Überzahlungen und auf die fristgerechte Erfüllung der dem Auftraggeber zustehenden Mängelansprüche.

3 Die Verpflichtungen der Bank aus dieser Bürgschaft erlöschen mit der Abnahme der vereinbarten Lieferungen/Leistungen oder mit der Rückgabe dieser Bürgschaftsurkunde, spätestens jedoch - insoweit abweichend von § 777 BGB -, wenn die Bank nicht bis zum _____ aus dieser Bürgschaft in Anspruch genommen worden ist.

4 Sobald die Bürgschaft erloschen ist, ist der Auftraggeber verpflichtet, die Bürgschaftsurkunde der Bank zurückzugeben.

Ort, Datum	Bank
	XXXXXXXXXXXXXXXXXXXXXXXXXXXXXXXXXXXXXXXX
	XXXXXXXXXXXXXXXXXXXXXXXXXXXXXXXXXXXXXXXX
	XXXXXXXXXXXXXXXXXXXXXXXXXXXXXXXXXXXXXXXX

Abschrift für die Bank

Abbildung 32: Bankbürgschaft für Lieferungen und Leistungen (Beispiel)[7]

7) Quelle: Volksbank Rhein-Ruhr eG, Duisburg

Volksbank Rhein-Ruhr eG

Bankbürgschaft für Mängelansprüche

Zur bankinternen Bearbeitung
Nr.

Bank
Volksbank Rhein-Ruhr eG
Düsseldorfer Straße 11-13
47051 Duisburg

Auftragnehmer | Auftraggeber

1 Der Auftragnehmer hat für den Auftraggeber aufgrund des Auftrags/Vertrags vom
Nr.   folgende Leistungen   ☐ auszuführen   ☐ ausgeführt:

2 Für die fristgerechte Erfüllung der dem Auftragnehmer obliegenden Mängelansprüche übernimmt die Bank hiermit gegenüber dem Auftraggeber unter Verzicht auf die Einreden der Anfechtbarkeit, der Vorausklage sowie der Aufrechenbarkeit wegen bestrittener oder nicht rechtskräftig festgestellter Forderungen (§§ 770, 771 BGB) die selbstschuldnerische Bürgschaft bis zum Höchstbetrag von
EUR | in Worten:

mit der Maßgabe, dass die Bank aus dieser Bürgschaft nur auf Zahlung in Geld in Anspruch genommen werden kann.

3 Diese Bürgschaft umfasst nicht Ansprüche, die auf Rückzahlung geleisteter Vorauszahlungen oder Überzahlungen gerichtet sind.[1] Diese Bürgschaft umfasst des Weiteren nicht die Ansprüche, die einem Auftraggeber vor Abnahme zustehen und auf Vertragserfüllung gerichtet sind.[2]

4 Die Bürgschaft wird insoweit wirksam, als zur Sicherheit vom Auftraggeber einbehaltene Geldbeträge eingegangen sind:
☐ bei uns   BLZ
☐ auf dem bei uns bestehenden Konto   Nr.   BLZ
lautend auf

5 Die Verpflichtungen der Bank aus dieser Bürgschaft erlöschen, sobald die Bürgschaftsurkunde zurückgegeben wird, spätestens jedoch
- insoweit abweichend von § 777 BGB -, wenn die Bank nicht bis zum
aus dieser Bürgschaft in Anspruch genommen worden ist.

6 Sobald die Bürgschaft erloschen ist, ist der Auftraggeber verpflichtet, die Bürgschaftsurkunde der Bank zurückzugeben.

Ort, Datum | Bank
              Volksbank Rhein-Ruhr eG

1 Hierfür Vordruck 230 170 verwenden
2 Hierfür Vordruck 230 160 verwenden

Ausfertigung für den Auftraggeber

Abbildung 33: Gewährleistungsbürgschaft (Beispiel) [8]

8) Quelle: Volksbank Rhein-Ruhr eG, Duisburg

Als weitere Möglichkeit für eine Sicherung von Ansprüchen kann eine Sicherungsübereignung infrage kommen. Dies kann z. B. das Investitionsobjekt nach seiner Ablieferung sein. Voraussetzungen hierfür sind allerdings, dass

- der Lieferant tatsächlich über das Eigentum am Investitionsobjekt verfügt;
- das Investitionsobjekt frei von Rechten Dritter ist;
- der Lieferant das Eigentum formal zur Sicherung der Ansprüche überträgt.

Das physische Verbringen des Investitionsobjektes an den Aufstellungsort beim Kunden reicht zur Sicherung nicht aus. Oft ist vereinbart, dass das Investitionsobjekt bis zur vollständigen Bezahlung im Eigentum des Lieferanten verbleibt. – Das ist das vollständige Gegenteil einer Sicherungsübereignung.

9.1.4 Technische Verfügbarkeit

Wer ein Investitionsobjekt kauft, möchte dies sicher nutzen. Selbst ein schickes Privatauto wird schließlich nicht nur zum Waschen gekauft. Auf der anderen Seite, ist bei jedem Investitionsobjekt auch damit zu rechnen, dass es einmal nicht zur Verfügung steht oder z. B. gewartet werden muss. Aber mit welchem Prozentsatz muss man rechnen?

Zumindest im geschäftlichen Bereich sollte man nicht hoffen, sondern vereinbaren. Andernfalls können Hoffnungen leicht durch unangenehme Überraschungen ersetzt werden. Was ist zu tun?

Die technische Verfügbarkeit ist in VDI-Richtlinie 3423 beschrieben. Sie regelt das Verhältnis zwischen Verfügbarkeit und Ausfallzeiten. Sie sollte Basis einer Vereinbarung sein, die – nach Verhandlung – in die Bestellung übernommen wird.

Auf jeden Fall ist darauf zu achten, dass

- die Feststellung einer nicht gegebenen Verfügbarkeit unabhängig von der Anwesenheit eines Beauftragten des Lieferanten ist.
- die Kundenaufzeichnungen gültig sind, aber in der vereinbarten Form erfolgen müssen.
- eine regelmäßige (z. B. monatliche) Information an den Lieferanten erfolgt.

Wird nicht ausdrücklich darauf hingewiesen, dass die Kundenaufzeichnungen für den Beginn der „Störung" ausschlaggebend sind, wird dieser unter Umständen erst mit erheblicher Verzögerung relevant. Dem gilt es entgegenzuwirken. Auf der anderen Seite darf nicht eine lose Sammlung von Notizzetteln für den Nachweis reichen. Besser geeignet wäre ein Maschinenbuch, eine Kladde mit entsprechender Organisation.

Weiterhin ist ein regelmäßiger Abgleich mit dem Lieferanten angesagt. Hierzu erscheint ein monatlicher Rhythmus angebracht. Ein Quartal erscheint als zu lang. Ein wöchentlicher Abgleich kann zu aufwändig sein, ist aber zu empfehlen, wenn die Störhäufigkeit erheblich ist.

Ausschlaggebend für die Kundenzufriedenheit ist vor allem der Prozentsatz. Schließlich fallen Investitionsobjekte niemals aus, wenn sie nicht gebraucht werden. Eine Störung wird erst bei Bedarf erkannt. Im Normalfall sollte eine technische Verfügbarkeit von 98 % kein Problem sein, wenn es sich um ein ausgereiftes Investitionsobjekt handelt. Jedoch hängt der Prozentsatz auch von der Komplexität ab. Ein vernetztes System ist meist anfälliger für Störungen als eine einzelne Maschine. Aber auch in dem Fall sollte ein Minimum von 95 % nicht unterschritten werden.

Einen Anspruch auf eine bestimmte technische Verfügbarkeit ist auf jeden Fall von Vorteil. Was aber, wenn geringere Verfügbarkeit festgestellt wird? Auch diese Folgen sind festzuschreiben. Hierfür kommen infrage:

- Das nachhaltige Nichterreichen der technischen Verfügbarkeit während des Probebetriebs könnte Anlass zu Wandlung oder Minderung sein.
- Das Nichterreichen der technischen Verfügbarkeit während der Gewährleistungsfrist kann letztere verlängern. Eine mögliche Vereinbarung könnte eine Verlängerung um jeweils einen Monat vorsehen für jeden Monat, in dem die technische Verfügbarkeit nicht gegeben war.

Wird eine maximale Länge der Gewährleistungsfrist vereinbart, sollten auch die Folgen dieses Umstands vereinbart werden. Im Zweifel handelt es sich dann ebenfalls um eine „Schlechterfüllung", die zumindest eine Minderung nach sich ziehen kann.

Wandlung, also die Rückgabe des Investitionsobjektes am Ende des Probebetriebes kann eher als theoretische Möglichkeit angesehen werden. Das wird wohl nur dann ernsthaft in Erwägung gezogen, wenn das Investitionsobjekt den Erwartungen überhaupt nicht entspricht. Andernfalls wird eher eine – etwas – geringere technische Verfügbarkeit akzeptiert. Die entfallende Möglichkeit, das Investitionsobjekt überhaupt zu nutzen, schreckt ab. Eine Ersatzbeschaffung würde sicher Monate dauern. Wer hat die Zeit schon? Eher wird die Möglichkeit einer Minderung zum Zuge kommen. Das läuft auf eine Verhandlungslösung hinaus.

Die automatische Verlängerung der Gewährleistungsfrist ist ein scharfes Schwert. Kein Hersteller ist besonders gern in der Verantwortung. Er wird also alles tun, um eine Verlängerung der Gewährleistungsfrist zu vermeiden. Dies ist spätestens dann der Fall, wenn der erste Monat Verlängerung ansteht und auf dem vereinbarten Weg kommuniziert wird.

Eine automatische Lagereinrichtung wird bestellt und geliefert. Aufgrund der erheblichen Komplexität wird eine technische Verfügbarkeit von 95 % im Vertrag vereinbart. Im Zuge des Probebetriebs stellt sich heraus, dass die vereinbarte technische Verfügbarkeit nicht erreicht wird. Zuletzt lag diese bei 91 %. Möglichkeiten zur Nachbesserung waren gegeben. Diese haben zwar zu Verbesserungen, nicht aber zum Erreichen der vereinbarten technischen Verfügbarkeit geführt. Damit ist der Vertrag nicht erfüllt, Wandlung oder Minderung können zum Tragen kommen.

Was würde im Fall einer Wandlung geschehen? Das Lager ist voll bestückt und der Betrieb läuft, wenn auch nicht ganz so optimal wie geplant. Im Fall einer Wandlung müsste das gesamte Lager abgebaut und eine Notlösung geschaffen werden, um die Zeit zu überbrücken bis ein Ersatz vorhanden ist. Bei einem Lager, das eine laufende Fertigung bedienen soll, wäre dies eine mittlere Katastrophe. Eher wird man sich auf eine Minderung verständigen. Ob der Kunde diese aus einer Position der Stärke verhandeln kann, darf bezweifelt werden.

Abbildung 34: Automatische Lagereinrichtung (Beispiel)

9.1.5 Gewährleistung

Ansprüche aus Gewährleistung führen oft zu Diskussionen, die unter Umständen vor Gericht fortgesetzt werden. Dies liegt oft an unklaren Verhältnissen bezüglich Umfang und Zeit. Dies kann man sich durch rechtzeitiges Handeln ersparen – bevor ein Gewährleistungsfall eintritt.

Gewährleistungsfrist und -umfang sollten in deutlicher Form Gegenstand des Vertrages sein. Ein Hinweis auf das „Kleingedruckte" wird diesem Anspruch nicht gerecht. Insbesondere die „Allgemeinen Geschäftsbedingungen" von Lieferanten zeichnen sich durch Einschränkungen der im BGB vorgesehenen Ansprüche des Kunden aus. Die Vertragsfreiheit wird mitunter so weit ausgeschöpft, dass hohe Gerichte dem Einhalt gebieten müssen.

So wird zum Beispiel die im Gesetz vorgesehene Gewährleistungsdauer von 24 Monaten sehr oft auf 12 Monate verkürzt. Vertrauen in das eigene Produkt sollte anders aussehen! Stattdessen sollten Kunden grundsätzlich 36 Monate verlangen. Wenn eine Seite einen kürzeren Vorschlag machen darf, gilt für die andere ein entsprechendes Recht. Schließlich möchte man nicht irgendein Investitionsobjekt, sondern ein gutes. Dem kann man als Nutzer in mindestens gleicher Weise trauen wie dessen Lieferant das tut. Schließlich geht es um ein Investitionsobjekt und nicht um Verbrauchsmaterial. Bei langlebigen Investitionsobjekten muss die gesetzliche Regelung von 24 Monaten eher eine Ausnahme sein.

Als nächstes geht es um den Beginn der Gewährleistungsfrist. Dies könnte sein

- die Übergabe an den Spediteur bzw. die Meldung der Versandbereitschaft
- der Beginn des Probebetriebes
- die Übernahme / Abnahme durch den Kunden

Der Beginn der Gewährleistungsfrist ist auf jeden Fall deutlich zu fixieren. Es ist empfehlenswert hierzu die Übernahme / Abnahme durch den Kunden vorzusehen. Dies ist ein formaler Akt, den beide Seiten gemeinsam mit Unterschrift feststellen. – Das vermeidet spätere Diskussionen.

Ein weiterer Punkt von besonderer Bedeutung ist der Umfang der Gewährleistung. Vielfach geben Lieferanten vor, „Verschleißteile" seien von der Gewährleistung ausgenommen. Oft wird dies vom Kunden leichtfertig hingenommen. Der Kunde interpretiert den Begriff „Verschleißteile" für sich. Am Ende wird aber der Lieferant die Definition vornehmen, und zwar erst dann, wenn es zu „Diskussionen" kommt.

Stattdessen sind schon vor Vertragsabschluss folgende Fragen zu stellen:

- Warum beinhaltet das Investitionsobjekt Bauteile, die vielleicht nicht einmal die Gewährleistungsfrist sicher überstehen?
- Um welche Bauteile handelt es sich?
- Was kann der Lieferant tun, um diese Bauteile durch geeignete (haltbare) zu ersetzen?

Wenn aus triftigem Grund der Gewährleistungsausschluss für „Verschleißteile" akzeptiert werden muss, so sind diese durch den Lieferanten zumindest im Einzelnen und deutlich zu benennen. Das pauschale Anerkennen von „Verschleißteilen" ist auf jeden Fall zu vermeiden. Wie wichtig diese Genauigkeit sein (= werden) kann, ist in dem Beispiel in Abbildung 35 erläutert.

> Ein Kunde lässt für seine Fertigung eine vollautomatische Rollenbahneinrichtung liefern und installieren. Allen Beteiligten ist bekannt, dass ein Dreischichtbetrieb vorgesehen ist und dieser teilweise auf das Wochenende ausgedehnt wird. Ein entsprechender Hinweis findet sich auch in den Vertragsunterlagen.
>
> Es ist eine Gewährleistungsfrist von 36 Monaten ab Übernahme vereinbart. Verschleißteile sind hiervon ausgenommen.
>
> Knapp 24 Monate nach Übernahme des Investitionsobjektes fallen nach und nach die Kugellager in den Transportrollen aus. Dies führt zur Beanstandung und der Forderung, diese komplett auszutauschen, da offenbar unterdimensioniert bzw. ungeeignet.
>
> Der Lieferant weist diese Forderung mit Hinweis auf den Ausschluss von „Verschleißteilen" zurück. Bei den Kugellagern handele es sich um rotierende Teile, die somit einem erheblichen Verschleiß unterlägen. Der „teilweise Ausfall" der Kugellager sei daher hinzunehmen.
>
> Der Kunde sieht dies anders. Kugellager dürften nach so kurzer Zeit nicht ausfallen und seien nicht als „Verschleißteile" hinzunehmen. Es obliegt jetzt dem Kunden nachzuweisen, dass die Kugellager nach „allgemeinem Verständnis" keine Verschleißteile sind. Mit hoher Wahrscheinlichkeit wird das nicht einfach.
>
> Hätte der Lieferant (auf Betreiben des Kunden) die Kugellager als Verschleißmaterial benannt und offen aus der Gewährleistung genommen, wäre das im Vorfeld diskutiert worden. Der Ausgang dürfte dann infolge des anderen Einflusses ein anderer sein.

Abbildung 35: Gewährleistungsausschluss für Verschleißteile (Beispiel)

Fehlerhafte Bauteile werden während der Gewährleistungsfrist ausgetauscht. Es ist sicherzustellen, dass diese nicht nach kurzer Zeit (vielleicht kurz nach Ablauf der Gewährleistungsfrist) erneut ausfallen. Daher ist es sinnvoll zu vereinbaren, dass für ausgetauschte Bauteile die gesamte Gewährleistungsfrist mit dem Austausch erneut beginnt, allerdings nur für diese Bauteile und nicht für das gesamte Investitionsobjekt. Letzteres wäre unangemessen.

Für den Fall, dass das gleiche Bauteil (also das ersetzte) ein weiteres Mal ausfällt, ist eine andere Lösung zu verlangen. Offenbar besteht hier eine Schwäche des Investitionsobjektes. Auch dies ist im Vertrag zu vereinbaren. Bei Eintritt dieser Situation ist es für kostenrelevante Diskussionen zu spät.

Wird eine technische Verfügbarkeit für ein Investitionsobjekt vereinbart, kann eine „Schlechterfüllung" in eine Gewährleistungsverlängerung münden. Auch dies ist vertraglich zu vereinbaren. Hierauf wurde bereits in Abschnitt 9.1.4 hingewiesen.

Verkäufer pflegen vollmundig über die Qualität ihrer Produkte zu sprechen. Kommt es zur Diskussion über Gewährleistungsregularien, kann dies plötzlich ganz anders lauten. Hier ist konsequentes Argumentieren gefragt.

9.1.6 Energie und Betriebsstoffe

Bei Kraftfahrzeugen ist es üblich, eine Auskunft über den Benzinverbrauch je 100 km zu bekommen. Die Angaben sind dann meist noch gestaffelt nach Betrieb in der Stadt, auf der Landstraße bzw. der Autobahn. Auch ein Durchschnitt bei Mischbetrieb ist im Prospekt angegeben. Ob die Einhaltung der Angaben einklagbar ist, sollte hier nicht diskutiert werden. Bessere Möglichkeiten sind sicher gegeben, wenn die Angaben ausdrücklicher Gegenstand des Vertrages sind. Infrage kommen hier folgende Angaben:

- Energie
    - Art der Energie (z. B. Elektrizität, Druckluft usw.)
    - Energiebedarf (z. B. kW / h während des Betriebs)
- Art der Betriebsstoffe
    - Art der Betriebsstoffe (z. B. Öle, Fette, Schmierstoffe)
    - benötigte Mengen je Stunde im Betrieb

Vor allem bei den Betriebsstoffen ist darauf zu achten, dass diese dem üblichen Standard entsprechen und somit kostengünstig beschaffbar sind. Andernfalls könnte sich der Lieferant z. B. ein weiteres Geschäft mit – teuren – speziellen Betriebsstoffen generieren.

9.1.7 Wartung und Reparatur

Es handelt sich hier um Folgegeschäfte. Diese sollten vor der endgültigen Entscheidung geregelt sein. Wenn die Regelung nicht in die Bestellung über das Investitionsobjekt aufgenommen werden, sollte dies zumindest zeitgleich in einem separaten Vorgang geregelt werden. Ist das Investitionsobjekt erst einmal bestellt, können sich die Gespräche für den Kunden problematisch, für den Lieferanten ganz einfach darstellen. Eine Abhängigkeit ist gegeben.

In jedem Fall sollten zumindest die Wartungskosten bereits Bestandteil von Wirtschaftlichkeitsrechnung und Angebotsvergleich sein. Diese sind unterschiedlich von Anbieter zu Anbieter und rechenbar. Einflussgrößen sind z. B.

- Entfernung zum nächsten Servicestützpunkt
- Preise / Pauschalen
- Zeitaufwand
- Reaktionszeiten
- Hotline

Für Reparaturkosten gilt dies nur bedingt. Sie sind aber beeinflussbar. Hierfür sind zum Teil die gleichen Kriterien gültig wie für die Wartung ausgeführt.

> Beim Kauf einer Werkzeugmaschine wird parallel die Wartung und Reparatur vertraglich organisiert. Die Versorgung erfolgt vom nächsten Servicestützpunkt des Lieferanten, der knapp 50 km entfernt ist. Dies ermöglicht eine relativ günstige Wartungspauschale. Die Wartung wird zweimal jährlich durchgeführt und dauert jeweils 3 Stunden. Mit einem Aufpreis von 50 % kann diese Zeit auf das Wochenende oder die Nacht gelegt werden.
>
> Für Reparaturen gibt es eine Anreisepauschale und Stundenverrechnungssätze. Nach spätestens 2,5 Stunden nach Meldung treffen ein Monteur oder ein Elektroniker vor Ort ein, um die Reparatur anzugehen.
>
> Oft treten Störungen nicht an der Mechanik, sondern an der Elektronik auf. Bei einer Vernetzung mittels Internet kann bereits eine Ferndiagnose erfolgen, die eine rasche Fehlerbehebung erlaubt. Mitunter ist nicht einmal die Anreise des Servicepersonals erforderlich.
>
> Zeit ist Geld. Die gilt nicht zuletzt für Produktionseinrichtungen. Jede Störung im Ablauf stört. Ob diese Störungen Wartung oder Reparatur heißen, ist vor sekundärer Bedeutung. Daher sind Reaktionszeiten und Wartungsintervalle wie auch deren Dauer von erheblicher Bedeutung.

Abbildung 36:   Ferndiagnose (Beispiel)

9.1.8   Ersatzteile

Die Materialbeschaffung, um einen Pkw aus Ersatzteilen zu bauen, würde ein Vielfaches des Listenpreises eines kompletten Pkw betragen. Dabei sind Montagekosten und Lackierung noch nicht enthalten. Ersatzteile sind also ein gutes Geschäft – für den Lieferanten.

Wer langlebige Gebrauchsgüter für den Haushalt kauft, ist an einer Nachkaufgarantie interessiert. Ob es sich um hochwertiges Geschirr, Besteck oder ähnliches handelt, eine Hausfrau möchte sicher sein, dass es bei Bedarf Nachschub gibt. Was für eine vorausschauende Hausfrau gilt, sollte auch für einen umsichtigen Einkäufer selbstverständlich sein.

Gerade bei langlebigen Investitionsobjekten ist die Verfügbarkeit von Ersatzteile von erheblicher Bedeutung. Maßgeblich ist vor allem die vorgesehene Nutzungsdauer des Objekts. Wenn diese nicht einfach abzuschätzen ist, sollten zumindest für 10 Jahre Ersatzteile verfügbar sein.

Wenn man eine Maschine oder maschinelle Anlagen kauft, sollten die kritischen Ersatzteile bekannt sein. Diese sollten kurzfristig verfügbar sein. Je nach Vereinbarung lagern diese

- beim Lieferanten
- beim Kunden

Beide Möglichkeiten haben ihre Vor- und Nachteile. Insbesondere für Bauteile mit Verwendung bei einigen / vielen Kunden kann eine Lagerung beim Lieferanten von Vorteil sein. Nicht für jede Maschine müssen diese einzeln bevorratet werden. Das gleiche Bauteil wird wohl kaum an mehreren Stellen gleichzeitig ausfallen.

Auf der anderen Seite kann die Lagerung ganz besonderer Bauteile beim Kunden sinnvoll sein. Wenn es nur einen Verwender gibt, macht eine zentrale Lagerung beim Lieferanten wenig Sinn. Gleiches gilt, wenn eine unmittelbare Verfügbarkeit erforderlich ist und ein zeitaufwändiger Transport zu unbedingt zu vermeidenden Verzögerungen führen würde.

Eigentum und Zahlung sind vom Lagerort unabhängig zu sehen und je nach Einzelfall zu betrachten. Von besonderer Bedeutung ist auch eine eventuelle Übernahme der nicht verbrauchten Ersatzteile nach Ablauf einer bestimmten Frist oder dem Ende der Nutzung des Investitionsobjektes. Vielleicht ist auch ein Konsignationslager möglich.

Es wird nicht einfach sein, Festpreise für den gesamten Zeitraum zu vereinbaren, die diese Bauteile genutzt werden könnten. Vielleicht aber ist es möglich, einen bestimmten Rabatt auf eine variable – generelle – Ersatzteilpreisliste zu erhalten.

Ersatzteile sollen kurzfristig verfügbar sein. Was geschieht, wenn das trotz Vereinbarung nicht möglich ist? Auch für den Fall kann eine Vereinbarung getroffen werden,

- Vertragsstrafe
- Schadenersatz

Beide Möglichkeiten haben ihre eigenen Vorteile. Vertragsstrafe wird fällig, wenn das Ersatzteil nicht innerhalb einer bestimmten Frist verfügbar gemacht werden kann. Schadenersatz müsste – wahrscheinlich aufwändig – nachgewiesen werden. Ohne entsprechende Vereinbarung wäre auch dieser kaum durchsetzbar.

Sollen Wartung und Reparatur unter Umstanden an einen Dienstleister übertragen werden, so ist dies im Vertrag zum Investitionsobjekt ausdrücklich als Möglichkeit zu benennen. Der Dienstleister muss das Recht bekommen, Ersatzteile zu beziehen. Ist dies nicht vereinbart, kann es im späteren Verlauf zu Problemen kommen.

9.1.9 Training durch den Lieferanten

In vielen Fällen ist ein Training durch den Lieferanten des Investitionsobjektes erforderlich. Dieses Training kann sich beziehen auf

- Bedienung
- Programmierung
- Wartung und Reparatur

Die Bedienung einer Maschine kann recht komplex sein. Selbst ein „simpler Drucker" kann manchen Anwender überfordern. Diese „einfachen Geräte" sind häufig Kombinationen aus

- Drucker
- Faxgerät
- Scanner

Vielleicht ist auch ein Internetanschluss gegeben, mit dem Dokumente direkt an einen bestimmten Empfänger geschickt werden können. Da kann man als Uneingeweihter leicht ins Grübeln kommen. Man kann sich leicht ausmalen, dass die Bedienung einer Maschine oder maschinellen Anlage deutlich komplexer ist.

Vom Lieferanten des Investitionsobjektes darf man keine Geschenke erwarten. Dies gilt auch für den Bereich des Trainings. Daher muss stets zwischen Aufwand und Nutzen abgewogen werden. Wie kann der erforderliche Nutzen mit geringstmöglichem Aufwand bei Lieferant und Kunde erreicht werden?

Für das Training zur Bedienung bieten sich Aufstellung / Montage, Inbetriebnahme und Probebetrieb an. Hier wird Personal des Lieferanten vor Ort sein. Wenn diese durch Personal des Kunden unterstützt werden, lernt diese bereits mit dem Investitionsobjekt umzugehen. Das Training erfolgt zum 0-Tarif und wahrscheinlich noch intensiver als bei einem separaten Kurs.

Viele Geräte müssen programmiert werden. Dies gilt für Werkzeugmaschinen ebenso wie für Multifunktionsdrucker. Mehrere Personen benötigen dieses Training, um ihre Aufgabe in der gewünschten Perfektion wahrnehmen zu können. Mitunter wird nur eine Person oder werden einige wenige Personen trainiert, um dieses Wissen dann an die anderen Betroffenen weiterzugeben. Dies klingt verlockend, hat aber auch Nachteile. Es gibt bei der Übermittlung immer wieder Verluste, die unbemerkt bleiben – bis gerade diese benötigt werden.

Auf der anderen Seite ist es sicherlich aufwändig, eine größere Gruppe zu einem Training zu entsenden. Hier kann ein in-house-Training eine interessante Alternative sein. Damit kann das Training komplett auf die Bedürfnisse des Kunden und seine speziellen Anwendungen abgestellt werden. Als Nebeneffekt können Trainingsobjekte in der Praxis verwendet werden. Außerdem sind die Reisekosten für den Trainer sicher niedriger als die mehrerer Mitarbeiter. Ähnlich kann es sich bei den Seminarkosten verhalten.

Wartung und Reparatur können am ehesten während Aufbau und Probebetrieb geübt werden. Dabei ist darauf zu achten, dass die Personen verfügbar sind, die später auch diese Aufgabe wahrnehmen sollen. Dies gilt auch für den Fall, dass externe Dienstleister damit betraut werden.
Unter Abwägung aller Aspekte mag es günstiger erscheinen, das Training in den verschiedenen Gebieten beim Lieferanten durchführen zu lassen. Auf jeden Fall sollte die Vereinbarung hierzu im Vertrag zum Investitionsobjekt enthalten sein.

9.1.10 Dokumentation

Die erforderliche Dokumentation muss Bestandteil des Vertrages sein. Zum Teil bedeutet diese für den Lieferanten einen erheblichen Aufwand. Die Nachforderung einer Dokumentation kann teuer werden.
Die Dokumentation soll den Betrieb und die Wartung / Instandhaltung des Investitionsobjektes ermöglichen bzw. erleichtern. Weiterhin wird sie oft für weitere Genehmigungen bzw. Überprüfungen (Gewerbeaufsicht, Umweltbehörde, TÜV usw.) benötigt.

Eine eindeutige Definition sollte gegeben werden, was unter diesem Begriff zu verstehen ist. Die Anforderung beginnt mit dem Inhalt. So könnte zum Beispiel verlangt werden:

- Betriebsanleitung
- Technische Beschreibung
- Zeichnungen
- Stücklisten
- Datenblätter verwendeter Komponenten
- Diagramme
- Wartungsanweisungen
- Ersatzteillisten
- usw.

Unter Umständen kann eine bestimmte Form (Papier) infolge von Genehmigungsabläufen gegeben sein. In jedem Fall ist eine Form zu wählen, die gut organisiert ist und eine hohe Verfügbarkeit ermöglicht.

Bisher war es Standard, die Dokumentation in Papierform vorzusehen. Oft wird dann die Dokumentation in Form von drei Ordnern übergeben. Jeweils einer ist dann bestimmt für

- Produktion (Bedienungsanleitung zum Investitionsobjekt)
- Instandhaltung (Wartung und Reparatur)
- Einkauf (Reserve)

Jeder „Inhaber" eines Ordners wird diesen nutzen, um dort nützliche Vermerke zu machen. Dies ist von der Sache her zu begrüßen. So bleiben zusätzliche Erkenntnisse erhalten und stehen späteren Nutzern zur Verfügung. Die Vermerke gehen nicht verloren. Dies gilt aber nur für den jeweiligen Ordner. In den anderen Kopien fehlen die Zusatzinformationen aus den anderen Ordnern. Eine Übertragung findet nicht statt.

Eine zeitgemäße Form der Dokumentation wäre eine solche in Form einer DVD. Diese ermöglicht

- zentrale Speicherung (z. B. auf einem Server)
- dezentralen Zugriff aller Nutzer
- Kommentierung von Details mit gemeinsamer Verfügbarkeit

Vielleicht erscheint die Erstellung einer Dokumentation in digitaler Form (DVD) aufwändig. Dies ist aber eher nicht der Fall. Inzwischen sind die Einzeldokumente (z. B. Zeichnungen, Diagramme usw.) der Dokumentation beim Lieferanten in digitaler Form verfügbar und müssen nur noch zusammengefasst werden. Dies ist eher einfacher als das mühsame Ausdrucken bzw. Kopieren und organisierte Abheften in mehreren Ordnern. Damit ist auch hier die DVD eher kostengünstiger als die Papierform.

Die Dokumentation sollte spätestens mit der Abnahme fertiggestellt sein und dem Kunden übergeben werden. Alles andere kann nur eine Ausnahme sein, z. B. wenn Details zu Dokumentation erst spät (z. B. während der Inbetriebnahme) feststehen und noch eingefügt werden müssen. Eine solche Situation ist kritisch zu beurteilen. Dies bedeutet, dass die Nutzung des Investitionsobjektes durch den Betreiber erfolgt, ohne dass dieser über eine Betriebsanleitung (Teil der Dokumentation) verfügt.

In jedem Fall bleibt festzustellen, dass die Dokumentation integraler Bestandteil des Leistungsumfangs des Lieferanten ist. Auch der Zeitpunkt der Übergabe ist festzulegen.

9.1.11 Terminierung

Der Termin ist sicher ein wichtiges Detail. Eigentlich sollte man nicht von einem Termin, sondern von der Terminierung reden. Es handelt sich um ein Gerüst, bei dem verschiedene Elemente in einander greifen. Was ist entscheidender, der Liefertermin oder der Übergabetermin? Wenn das so einfach zu entscheiden wäre!

Bei der Terminierung sind Termine von Kunde und Lieferant zu betrachten. Beide Seiten gehen Verpflichtungen ein, deren Verletzung kaum ohne Folgen bleiben kann.

Hier eine beispielhafte Auflistung

- Zustandekommen des Vertrags
- Genehmigungszeichnungen
- Bestätigung der Genehmigungszeichnungen
- Vorabnahme beim Lieferanten
- Anlieferung des Investitionsobjekts
- Montage, Aufbau
- Inbetriebnahme (Beginn Probebetrieb)
- Probebetrieb
- Übernahme
- Dokumentation

Zum Schließen des Vertrages bedarf es Antrag und Annahme. Stimmt die Bestellung mit allen Punkten des Angebotes bzw. der schriftlich bestätigten Verhandlung überein, stellt sie die Annahme dar. Der Vertrag ist somit geschlossen. Es macht daher Sinn, die Bestellung als ersten Meilenstein in die Terminierung aufzunehmen.

Zumindest bei größeren Objekten ist der Austausch von Genehmigungszeichnungen Gegenstand des Verfahrens. Gegenstand dieser Zeichnungen können z. B.

- Anschlussmaße
- Fundamentangaben
- Eckmaße
- usw.

sein. Diese werden oft erst nach Zustandekommen des Vertrages im Detail ausgearbeitet. Dagegen ist von der Sache her nichts einzuwenden. Es sollte sich hier aber wirklich nur um Details handeln, die beiden Seiten keine besondere Mühe machen. Bei der Festlegung der Termine ist darauf zu achten, dass sowohl die Vorlage dieser Zeichnungen als auch deren Genehmigung durch den Kunden in der vereinbarten Frist erfolgen kann. Aufgrund der vorherigen Absprache sollte die Genehmigung nur eine Formsache sein, die weder zu Änderungen noch zu Verzögerungen führt. Bereits zu diesem Zeitpunkt kann der Kunde durch Fehlverhalten den Grundstein zu Diskussionen über den Anspruch auf Lieferverzugsstrafe legen.

Mitunter wird eine Vorabnahme des Investitionsobjektes beim Lieferanten vereinbart. Damit soll sichergestellt werden, dass Diskussionen über das Investitionsobjekt erst nach dessen Ankunft beim Kunden erfolgen können. Mögliche Fehler sollen früh erkannt werden. Der Lieferant hat in seinem Betrieb mehr Möglichkeiten zur Nachbesserung als er dies beim Kunden hätte. Ob eine Vorabnahme sinnvoll oder gar notwendig ist, muss im Einzelfall entschieden werden. Auf jeden Fall, muss sichergestellt sein, dass durch diese Maßnahme keine Verzögerung eintritt. Demzufolge sind ein Termin zu vereinbaren und eine Frist, bis zu der die Vorabnahme erfolgt sein muss.

Die Anlieferung des Investitionsobjektes ist ein weiterer Meilenstein, der zu fixieren ist. Dazu gehören auch die Rechtsfolgen. Ist dies bereits der Eigentums- und Gefahrenübergang?

Aufbau und Montage stellen den nächsten Meilenstein dar. Auch hierbei ist Klarheit gefragt. Neben dem Termin spielen hier auch noch eventuell zu leistende Hilfestellungen eine Rolle, wie z. B. die Überlassung von Hebezeugen und Personal.

Beginn des Probebetriebes (Inbetriebnahme) und dessen Ende sind ebenfalls von entscheidender Bedeutung. Termine hierfür sind vorzusehen. Diese können sich durch Störungen verschieben.

Dem Probebetrieb schließt sich die formale Übernahme an, die zu protokollieren ist. Auch hierfür ist ein konkreter Termin vorzusehen. Zum Thema Übernahme folgt ein gesonderter Abschnitt.

In vielen Fällen kann die Dokumentation bereits bei Lieferung übergeben werden. Es gibt jedoch Ausnahmen hiervon. Dies kann der Fall sein, wenn z. B. im Rahmen der Inbetriebnahme noch Informationen anfallen, die in die Dokumentation aufgenommen werden müssen. In jedem Fall ist festzuhalten, mit welchem Zeitversatz die Dokumentation vorzulegen ist. Umfang und Bedeutung der Dokumentation werden gesondert behandelt.

Grundsätzlich müssen Termine auf einem nach dem Kalender zu bestimmenden Datum beruhen. Hierauf ist zwingend zu achten. Aussagen wie

- sofort
- umgehend
- unverzüglich
- schnellstens
- usw.

entsprechen dieser Maßgabe nicht. Eine Aussage „3 Monate nach Bestellung" würde dem entsprechen. Präziser wäre jedoch ein genaues Datum mit Tag, Monat und Jahr.

Zum Teil werden in der Terminierung Fristen enthalten sein. Innerhalb wie vieler Arbeits- oder Kalendertagen nach Erhalt der Genehmigungszeichnungen sind diese zu bestätigen? Entsprechendes gilt auch z. B. für die Dokumentation.

9.1.12 Lieferverzugsstrafe (Pönale)

Jede Vertragsstrafe ist als „negativer Anreiz" bestimmt, den Vertragspartner zur Einhaltung des Vertrages (meist in einem bestimmten Punkt) zu bewegen und Schäden zu vermeiden. Von einer vereinbarten Vertragsstrafe kann Gebrauch gemacht werden, wenn der Umstand eingetreten ist, auf den sich die Vertragsstrafe bezieht.

Damit unterscheidet sich eine Vertragsstrafe grundsätzlich vom Schadenersatz. Wird ein Schadenersatz verlangt, sind ein Verschulden der Gegenseite und die Höhe des Schadens nachzuweisen. Beides ist oft nicht einfach.

Eine Vertragsstrafe bedarf der Vereinbarung. Sie muss also Vertragsbestandteil sein; die bloße Erwähnung in der Bestellung reicht nicht aus. Der Lieferant muss ausdrücklich zustimmen, z. B. in der Bestellungsannahme. Taucht die Forderung nach einer Vertragsstrafe erstmals in der Bestellung auf, darf man nicht auf kommentarlose Zustimmung hoffen. Ob man die Information bereits in der Anfrage aufführt oder diese im Zuge der Vertragsverhandlung einbringt, liegt im eigenen Ermessen. Beide Verfahrensweisen haben Vor- und Nachteile. Eine frühzeitige Information könnte zu einer Berücksichtigung in der Kalkulation führen, eine späte zu nachträglichen Forderungen.

Grundsätzlich soll eine Vertragsstrafe hart aber fair sein. Ist sie nicht hart genug, ist keine Wirkung gegeben. Sie schreckt nicht ab. Auf der anderen Seite darf sie nicht zu hoch sein. In dem Fall würde sie einer juristischen Überprüfung nicht standhalten. Sie könnte vor Gericht als unangemessen betrachtet und somit als unwirksam gewertet werden.

Soweit eine Vertragsstrafe nicht als fester Betrag vereinbart, ist eine klare Berechnungsbasis zu vereinbaren. Klare Regeln ersparen spätere Diskussionen.

Ein typischer Fall für eine Vertragsstrafe ist die Lieferverzugsstrafe. Sie wird vereinbart, um den Lieferanten in einer besonderen Weise zu einer pünktlichen Vertragserfüllung zu veranlassen. Meist wird die Lieferverzugsstrafe als Stufenlösung vereinbart. Eine solche Vereinbarung bedarf folgender Eckpunkte:

- Ausgangsbetrag für die Berechnung (z. B. Gesamtbestellwert)
- Prozentsatz für die einzelne Stufe (z. B. 0,5 % je angefangene Woche)
- Maximale Höhe insgesamt (z. B. 5 %)
- Fakt für die Wirksamkeit (z. B. Beginn oder Ende Probebetrieb)
- Datum, mit dem der Fakt verknüpft ist (z. B. 31. Oktober 2013)

Es ist sicherzustellen, dass die Eckpunkte eindeutig und nicht interpretierbar, also „verhandelbar" sind.

Lieferverzugsstrafe ist ein wirksames Instrument für das Zeitmanagement von Investitionen. Nur in Ausnahmefällen sollte hierauf verzichtet werden. Im Gegensatz zu üblichen Beschaffungsvorgängen im Seriengeschäft haben Investitionsbestellungen den Charakter von Einmalbestellungen ohne Wiederholwahrscheinlichkeit. Da Wiederholvorgänge kein Argument sein können, kann eine Lieferverzugsstrafe ein adäquates Argument sein.

Die Vereinbarung einer Vertragsstrafe sollte die Möglichkeit eines darüber hinausgehenden Schadenersatzanspruches nicht ausschließen. Im Vertrag ist hierauf hinzuweisen.

9.1.13 Probebetrieb

Bei komplexen Investitionsobjekten ist ein Probebetrieb anzuraten. Dieser ist vertraglich zu vereinbaren. Nachträglich dürfte sich eine solche Vereinbarung äußerst schwierig gestalten.

Ein Probebetrieb sollte mindestens zwei Wochen betragen, aber auch 3 Monate können durchaus angemessen sein. Dies ist abhängig von der Komplexität des Investitionsobjektes.

Während des Probebetriebes wird die dauerhafte Funktionsfähigkeit des Investitionsobjektes nachgewiesen. Dies schließt den Nachweis der technischen Verfügbarkeit ein.

Der Probebetrieb beinhaltet einen abschließenden Test. Es ist sinnvoll, im Vertrag zu verankern, dass dieser maximal – nach entsprechender Nachbesserung durch den Lieferanten – zweimal wiederholt werden darf. Danach sollten die Rechte aus Schlechterfüllung zur Anwendung kommen. Diese können demzufolge

- Wandlung
- Minderung

sein. Im Fall der Wandlung wird das Investitionsobjekt nicht abgenommen, sondern zurückgegeben. Alle Zahlungen werden zurück erstattet. Beide Seiten stellen sich so, als ob es diesen Vertrag nie gegeben hätte. Schadenersatz ist in der Regel ausgeschlossen.

Im Fall der Minderung wird der Kaufpreis angemessen zur Schlechtlieferung gemindert. Die Minderung bedarf einer entsprechenden Übereinkunft. Diese wird erst zu dem Zeitpunkt zu treffen sein, in dem der Kunde sich zu seinem Recht auf Minderung entschließt. Eine Regelung im Vertrag zum Investitionsobjekt erscheint kaum möglich und sinnvoll.

9.1.14 Transport – Versicherung – Verpackung

Mitunter erscheint der einfachste Weg zu einer optimalen Vereinbarung ganz einfach. Demzufolge wären dann die Kosten für Transport, Versicherung und Verpackung in den Gesamtpreis einzuschließen. Angebot und Nachfrage würden schon zu einer mindestens angemessenen Lösung führen. Weiteres sei sicher durch gute Verhandlung zu erreichen.

Leider ist diese Fehleinschätzung weit verbreitet. Die Kosten für diese Leistungen werden zu einem undefinierten Anteil des Gesamtpreises. Eine Einflussnahme ist kaum noch möglich. Selbst wenn es eine Position „Transport, Versicherung, Verpackung" im Angebot gibt, ist eine qualifizierte Bewertung kaum möglich. Es handelt sich nicht wirklich um eine Angebotsposition, sondern um ein undifferenziertes Gemenge.

9.1.14.1 Transportkosten

Werden die Transportkosten vom Anbieter in den Gesamtpreis eingerechnet, wird er diese Kosten zu einem frühen Zeitpunkt kalkulieren müssen. In wie weit dann schon alle Kosten überschaubar sind, mag bezweifelt werden. Vermutlich fällt die Kostenschätzung dabei eher „großzügig" aus. Nicht zuletzt die Kosten für „die letzte Meile" sind zu einem frühen Zeitpunkt problematisch in der Bewertung.

Auf der anderen Seite ist die Bedeutung der Transportkosten im Allgemeinen durchaus erkannt worden. Dies gilt für die Ausgangstransporte schon seit längerem. Hiermit kann Geld verdient werden! Inzwischen haben viele Unternehmen erkannt, dass mit Eingangsfrachten ebenfalls Einsparungen möglich sind. Insbesondere durch die Kombination von Ausgangs- und Eingangsfrachten lassen sich direkte Kosten senken und organisatorische Vorteile erreichen. Ausgangsfrachten der Lieferanten werden gegebenenfalls aus den Kalkulationen / Preisen herausgenommen und die Preise auf ab Werk gestellt.

Vor diesem Hintergrund wird bei Warenlieferungen dem Lieferanten meist nicht mehr die Auswahl des Transporteurs überlassen und schon gar nicht die Preisvereinbarung. Welchen Grund gäbe es, bei Investitionsobjekten anders zu verfahren?

Vielleicht macht es bei Spezial- und Sondertransporten Sinn, die Organisation beim Lieferanten zu lassen. Auch in diesem Fall ist aber Transparenz gefragt. Die Transportkosten sind gesondert und nachvollziehbar im Angebot aufzuführen. Damit ergibt sich die Möglichkeit einer qualifizierten Entscheidung. – Auf jeden Fall eröffnet sich hier eine Verhandlungsposition.

9.1.14.2 Versicherung

Die meisten Unternehmen verfügen heute über Rahmenverträge mit Versicherungsunternehmen. Dies betrifft sicher die Haftpflichtversicherung, eine solche gegen Feuer- und Wasserschäden und gegen Einbruchsdiebstahl. Gleiches gilt sicher auch für Transporte. Diesen Service wird man nicht zuletzt den Kunden – gegen Berechnung – bieten wollen. Damit ist auch die Grundlage gegeben, eine Transportversicherung für das Investitionsobjekt selbst abzuschließen, bzw. dieses in die vorhandene Versicherung einzubeziehen. In der Regel reicht hierzu die Anmeldung des Transportes unmittelbar vor der Übergabe an den Transporteur aus. Es handelt sich also um ein sehr einfaches Verfahren. Der Aufwand muss also nicht gescheut werden.

Wird die Position „Versicherung" als Einzelposition ausgewiesen, ist ein einfacher Vergleich zwischen Angebot und eigenen Gegebenheiten möglich. Vielleicht ergibt sich sogar die Möglichkeit, die eigene Versicherung auf Angemessenheit zu überprüfen. In jedem Fall ergibt sich die Möglichkeit einer qualifizierten Entscheidung und vielleicht eine Verhandlungsposition.

In jedem Fall ist Wert auf eine ungebrochene Versicherung zu legen. Werden Versicherungen für Teilbereiche abgeschlossen, birgt dieses Verfahren besondere Risiken. Dies ist selbst dann der Fall, wenn in der Summe der gesamte Ablauf versichert erscheint. Ein Beispiel kann das verdeutlichen.

> Ein Unternehmen kauft eine Maschine in den USA. Alle Abläufe werden so kostengünstig wie möglich geplant. Bezüglich der Transportversicherung ergibt sich folgendes Bild:
>
> - Es ist eine Preisstellung „fob" vereinbart. Damit liegt das Risiko bis zur Reling des Schiffes beim Versender. – Es ist sicherstellt, dass dieser sich um den Abschluss einer entsprechenden Versicherung kümmert.
> - Die Versicherung für den Seetransport kann günstig zusammen mit diesem vereinbart werden.
> - Um den Transport vom Schiff zum Aufstellungsort kümmert sich der Vertragsspediteur, der üblicherweise mit Eingangs- und Ausgangsfrachten befasst wird. Damit fällt dieser Teil des Transportweges in die mit der Hausversicherung vereinbarte Pauschale für Inlandstransporte.
>
> Rechnerisch erscheint diese Lösung sehr günstig. Dies gilt aber nur, solange nichts passiert. Tritt aber ein Schadensfall auf, sieht dies anders aus. Was geschieht, wenn beim Abladen am Aufstellungsort ein Schaden festgestellt wird?
>
> Alle Versicherungen werden zwar die Ihnen zustehende Provision berechnen, aber eine Schadensregulierung ablehnen. Vielmehr werden sie darauf verweisen, dass ihnen die Verantwortlichkeit nachzuweisen ist. Damit obliegt es dem Empfänger nachzuweisen, auf welchem Teil des Transportweges, dem Weg zum Schiff, auf dem Schiff oder vom Schiff zum Aufstellungsort der Schaden eingetreten ist. In der Praxis ist dies kaum möglich.
>
> Trotz Versicherung über die gesamte Stecke ist ein tatsächlicher Versicherungsschutz nicht gegeben. Eine etwas teurere aber durchgehende Versicherung wäre im Endeffekt günstiger gewesen.

Abbildung 37: Gebrochene Versicherung (Beispiel)

Wird die Transportversicherung selbst abgeschlossen, sollte vertraglich vereinbart werden, dass der Lieferant mindestens 3 Arbeitstage vor Versand diesen anzeigt. Damit bleibt hinreichend Zeit, der Versicherung den Transport zu melden und somit den erforderlichen Versicherungsschutz zu erhalten.

9.1.14.3 Verpackung

Wozu dient die Verpackung? Sie soll das zu versendende Gut während des Transportes vor Beschädigung schützen. Mitunter soll sie auch noch Marketingzwecken dienen. Dies ist bei Investitionsobjekten aber eher selten der Fall. Weiterhin sollte eine Verpackung auch noch umweltfreundlich und angemessen sein. Gerade bei den beiden letzten Punkten gibt es oft Defizite, und zwar bei beiden Kriterien.

Meist wird Verpackung als „Black Box" gekauft. Spezielle Vorschriften gibt es meist nicht. Vielleicht gibt es noch einen Hinweis auf die „Umweltverträglichkeit", vielleicht soll die Verpackung „seemäßig" sein, aber Details? Selbst wenn Verpackung als gesonderte Position ausgewiesen wird, ist meist lediglich der Preis klar. Bekanntlich gibt es Unterschiede zwischen Preisen und Kosten. Verpackungskosten zu Investitionsobjekten sind ein besonders typischer Fall hierfür.

Wenn überhaupt, dann werden die Kosten nur in Höhe der Angebotsposition betrachtet. Wo aber bleiben die Entsorgungskosten? Die Verpackung zu Investitionsobjekten ist in aller Regel „Einweg". Nach dem Gebrauch landet sie im Müll, wird entsorgt. Wiederverwendung oder Wiederverwertung bleiben meist eine nette Theorie, ebenso wie die kostenlose Rücknahme durch den Lieferanten.

Die beste Maßnahme zur Müll- und Kostenvermeidung, ist die Vermeidung von Müll. Dies gilt auch von Verpackungsmüll. Diese Möglichkeiten wird man durch einfachen Angebotsvergleich – selbst auf Positionsebene – nicht herausfinden. Überdimensionierte Verpackung erkennt man nur in der detaillierten Betrachtung.

- Wie soll der Transport erfolgen?
- Wie soll die Abladung / Umladung erfolgen?
- Welcher Schutz ist während des Transportes erforderlich?

Nur aus diesen Fakten ergeben sich die Erfordernisse für die Verpackung. Hier ist ein typisches – schlechtes – Beispiel.

> Eine Maschine soll aus der Schweiz nach Hessen geliefert werden. Das Angebot des Herstellers weist bezüglich der Verpackung nur den Hinweis „Transportverpackung ohne Rücknahme" aus, und einen vierstelligen Betrag.
>
> Auf Nachfrage wird vom Anbieter erklärt, zum besonderen Schutz der wertvollen Maschine sei eine Holzkiste aus massiven Bohlen mit Kufen vorgesehen. Aufgrund des Gewichtes und der Abmessungen kommt nur ein Direkttransport ohne umladen infrage, und zwar auf einem Lkw mit Plane.
>
> Für Herausheben der Maschine aus der geöffneten Verpackung und das Aufstellen der Maschine am Verwendungsort ist die Maschine mit Kranhaken versehen.
>
> Bevor diese Verpackung akzeptiert wird, ist kritisch zu hinterfragen:
> - Ist für die Art des Transportes und die Strecke tatsächlich eine aufwändige Verpackung notwendig?
> - Gegen was soll die Verpackung schützen?
> - Wozu nutzt die aufwändige Verpackung in diesem Fall wirklich?
> - Würde eine Plane oder Folie nicht völlig ausreichen?

Abbildung 38:   Übermäßige Verpackung (Beispiel)

Es lohnt sich also, eine differenzierte Betrachtung anzustellen. Nur der Blick auf den tatsächlichen Bedarf lässt eine Kostenoptimierung bei den Verpackungskosten zu. Hier sind die Gesamtkosten maßgebend. Dies umfasst den Preis für die Verpackung ebenso wie deren Entsorgung. Selbst das Auspacken kann ein nicht zu verachtender Faktor sein. Auch dieser wird in aller Regel dem Empfänger überlassen.

9.2   Währungsvereinbarung

Auch Investitionsobjekte überschreiten mitunter Grenzen, auch die des Euroraums. Dies ist nicht schwierig. Schließlich gehört auch die Schweiz nicht hierzu, von Schweden, Japan oder den USA ganz zu schweigen. Wie ist mit dieser Situation umzugehen? Als einfachster Weg könnte der Euro als Vertragswährung vorgesehen werden. Damit wäre das gesamte Kursrisiko auf den Lieferanten übertragen. Das Problem wäre gar keines mehr.

Was aber wird der Lieferant tun? Wird er einfach in das Risiko eintreten? Wohl kaum, er wird sich das Risiko honorieren lassen. Der Risikoaufschlag wird im Preis stecken, auch wenn er nicht auf den ersten Blick sichtbar ist. Soweit die Lieferung aus einem Land mit frei handelbarer Währung stammt, kann der Vertrag in der jeweiligen Landeswährung abgeschlossen werden. Das Währungsrisiko wird über eine Währungssicherung (Finanzabteilung => Bank) gedeckt. Diese Maßnahme dürfte wesentlich kostengünstiger sein als das Abwälzen auf den Lieferanten.

Eine Spekulation auf fallende Kurse im Verlauf des Beschaffungsprozesses ist in jedem Fall unzulässig. Eine entsprechende Spekulation darf auch beim Lieferanten nicht akzeptiert werden. Eine deutlich von der Erwartung abweichende Kursentwicklung könnte sich negativ auf das Lieferantenverhalten auswirken. Wie wird dieser sich verhalten, wenn die Kursentwicklung zu einem Nettoverlust für ihn führen würde? Solche Probleme erstickt man besser im Keim!

9.3 Allgemeine Bedingungen, Recht und Gesetz

Dieser Bereich der Vertragsgestaltung wird in den Unternehmen sehr unterschiedlich betrachtet. In einigen wird er sehr stark, vielleicht sogar überbewertet. Jede Eventualität wird in gesonderten Bedingungen fixiert. Kein Vertrag kommt ohne Rechtsabteilung zustande. – Theoretisch. In anderen Unternehmen werden allgemeine Bedingungen kaum beachtet. Was ist richtig? Kommt ein Vertrag ohne rechtliche Rahmenbedingungen aus?

9.3.1 Allgemeine Geschäftsbedingungen

Der Begriff klingt sehr allgemein. Was steckt dahinter? Unternehmen haben diese geschaffen, um die rechtlich mögliche Vertragsfreiheit zum eigenen Vorteil auszunutzen. Dieses Vorgehen ist nicht verwerflich, muss vom Kunden aber nicht unbedingt akzeptiert werden. Dies gilt insbesondere für Geschäftsbeziehungen.

Die Vertragsfreiheit ist in Deutschland im Rahmen des Verbraucherschutzes (z. B. AGB-Gesetz) eingeschränkt worden. Es handelt sich um nationales Recht. Neben dem Gesetzgeber hat auch die Rechtsprechung diesen Freiraum eingeschränkt.

Betrachtet man die unterschiedlichen Allgemeinen Geschäftsbedingungen (Lieferantenseite) und die Allgemeinen Einkaufsbedingungen (Einkaufsseite) näher, stellt man fest, dass beide die Möglichkeiten der Vertragsfreiheit zum eigenen Vorteil zu nutzen suchen. Sie werden somit aus individuellen Verhandlungen herausgehalten. Stattdessen sollen sie in ihrer Gänze durchgesetzt werden. Meist, zumindest häufig gelingt dies nicht. Nach deutschem Recht gelten bei widersprechenden allgemeinen Bedingungen die gesetzlichen Regelungen, wenn nicht eindeutig eine gemeinsame Vereinbarung getroffen wurde. International üblich ist hingegen die Regel des letzten Wortes. Wer als letzter seine Bedingungen als gültig erklärt, hat gewonnen.

Vor diesem Hintergrund gelten wahrscheinlich in der Fülle der Fälle in Deutschland die gesetzlichen Regelungen, soweit nicht individuell (z. B. bezüglich Zahlung, Gewährleistung usw.) anderes vereinbart wurde. Da es meist nicht zu einem Streit kommt, merken beide Seiten das nicht einmal. Was also liegt näher, als sich auf das geltende Recht zu verständigen und lediglich die notwendigen Feinheiten individuell auszuhandeln und einvernehmlich zu vereinbaren?

9.3.2 Recht und Gesetz

Die Rechtslage ist nicht in allen Ländern gleich. Gesetze und Rechtsprechung können sehr unterschiedlich sein. Die Ausprägung von Verbraucherschutz (= Kundenschutz) und Gläubigerschutz können sehr unterschiedlich sein. Gleiches gilt für den Vorrang des öffentlichen Rechts gegenüber dem „letzten Wort".

Kaum jemand steht gerne vor Gericht, von den Profis (Anwaltsberufe) einmal abgesehen. Im Grunde gilt dies für die Rolle als Kläger oder Beklagter in fast gleicher Weise. Man sagt nicht zu Unrecht, dass man sich auf hoher See und vor Gericht in Gottes Hand befindet. Eine gewisse Unsicherheit ist immer gegeben. Der Richter fällt ein Urteil auf Basis des geltenden Rechts und der gegebenen Fakten. Oft ist sein Urteil kaum vorhersehbar.

Es gibt Länder, in denen man lieber nicht vor Gericht stehen möchte. Als Beklagter kann man sich dies nicht aussuchen. Wenn man sein Recht suchen muss, hat man im Fall des Falles oft keine Wahl mehr.

Zu den Gründen für die „Abneigung" können

- unklare Gesetzeslage (subjektiv oder objektiv)
- unsichere Rechtslage
- drakonische Strafen
- hohe Rechtsfolgekosten (Entschädigungen)

zählen. Leider ist diese Situation nicht auf einige „kleine Operettenstaaten" begrenzt. Große Schwellenländer gehören hierzu. Auf der anderen Seite möchte auch kaum jemand in einen Schadenersatzprozess in den USA verwickelt sein.

Im Grunde betrifft die Problematik beide Seiten. Käufer wie Verkäufer haben kein Interesse an einer juristischen Auseinandersetzung. Man kann davon ausgehen, dass beide Seiten zu der vorbehaltlosen Erfüllung des zu schließenden Vertrages bereit sind und vor allem hieran Interesse haben. Dazu gehört auch die notwendige Rechtssicherheit.

Zur Rechtssicherheit gehören verschiedene Dinge, nicht zuletzt eine klare Vereinbarung zu den individuellen Vereinbarungen, aber auch zum

- gültigen Recht (z. B. Recht der Bundesrepublik Deutschland)
- Gerichtsstand (mögl. im Bereich des gültigen Rechts)

Mitunter wird ein Kompromiss gesucht. Dann gilt manchmal das Recht am Platz des einen Partners, das dann am Sitz des anderen gesucht werden muss. Besser ist es, man einigt sich auf einen Platz, der bezüglich des Gerichtsstandes Gleichheit für beide Seiten verspricht. Das gültige Recht sollte zu diesem Platz passen.

9.3.3 Gericht und Schiedsgericht

Grundsätzlich steht jedem der Rechtsweg zur öffentlichen Gerichtsbarkeit frei. Dieser Gang kann aber zu einem Marathonlauf durch die Instanzen führen. Am Ende der Prozessfolge können schon einmal die Prozesskosten höher sein als der ursprüngliche Streitwert.

Eine Alternative zur öffentlichen Gerichtsbarkeit stellen die Schiedsgerichte dar, die bei den Industrie- und Handelskammern ansässig sind. Diese Schiedsgerichte sind an vielen Stellen weltweit eingerichtet. Das sollte sich ein passender Platz für beide Seiten finden lassen. Ob dieser unbedingt Shanghai, China, sein muss, stellt eine andere Frage dar.

Die Schiedsgerichte stehen in dem Ruf aufgrund ihres Sachverstandes, in angemessener Zeit zu kompetenten Urteilen zu finden. Drei Schiedsrichter verschaffen sich ein Bild und kommen zu einem Urteil. Zur Akzeptanz trägt sicherlich auch bei, dass jeweils einer der Schiedsrichter von den beiden Parteien bestimmt wird.

10. Bestellbearbeitung

Die Bestellung ist erfolgt. Damit ist der Vertrag geschlossen. War es das jetzt? In vielen Unternehmen herrscht die Meinung vor, jetzt sei alles erledigt. Der Lieferant müsse jetzt nur noch den Vertrag erfüllen. Dann könne endlich das Investitionsobjekt genutzt werden. Der Bestellbearbeitung wird dadurch zu wenig Aufmerksamkeit geschenkt. Dies kann ein schwerwiegender Fehler sein.

10.1 Bestellungsannahme prüfen

Die Bestellungsannahme ist im Zusammenhang mit dem Zustandekommen des Vertrages bezüglich des Investitionsobjektes zu sehen. Dieser kommt grundsätzlich durch Antrag und Annahme zustande. Was aber ist die Bestellungsannahme? Und ist diese überhaupt erforderlich für das Zustandekommen des Vertrages?

Die Frage ist, welchen Charakter die Bestellung hat. Eigentlich sollten alle Klärungen im Vorfeld gelaufen sein. War die Verhandlung bereits ein Vertrag – oder das dokumentierte veränderte Angebot des Lieferanten ein Antrag? Es kommt also darauf an. Hier einige Beispiele dazu.

Handelt es sich bei der Bestellung auf eine Reaktion zu einem vorliegenden Angebot oder (z. B. als Folge einer Verhandlung, die nicht sofort zu einem Vertrag führte), so handelt es sich rechtlich um die <u>Annahme</u> eines Antrages. Der Vertrag ist damit geschlossen.

Kam der Vertrag eigentlich schon während der Verhandlung zustande, so handelt es sich bei der Bestellung lediglich um ein <u>kaufmännisches Bestätigungsschreiben</u>. Dies ist auch dann der Fall, wenn dieses umfassender ist als der ursprüngliche Vertrag.

Erfolgt eine Bestellung ohne vorherigen „Antrag", so stellt sie selbst einen <u>Antrag</u> dar. Dies ist z. B. der Fall, wenn kein gültiges Angebot vorliegt. Dies ist z. B. der Fall, wenn die Angebotsgültigkeit abgelaufen ist oder in der Verhandlung kein gültiges Angebot abgegeben wurde. In diesem Fall ist die Annahme durch den Lieferanten zum Zustandekommen des Vertrages erforderlich.

Grundsätzlich ist die Annahme einer Bestellung nicht an eine besondere Form gebunden. Wie meist im Geschäftsverkehr ist die Schriftform jedoch von Vorteil. Sie erspart Missverständnisse, Irrtümer und daraus folgende Diskussionen, unter Umständen auch solche vor Gericht.

In den meisten Fällen wird der Lieferant eine Bestellungsannahme schicken. Gleichgültig, ob es sich hierbei um eine „Annahme", ein „kaufmännisches Bestätigungsschreiben" oder gar einen neuen „Antrag" handelt, eine sorgfältige Prüfung ist in jedem Fall angezeigt. Andernfalls kann man davon ausgehen, dass zumindest die im Einzelnen aufgeführten Details akzeptiert sind.

Ob diese aufwändig oder einfach ist, hängt nicht zuletzt von dem Aufwand ab, mit dem die Bestellung vorbereitet und wie eindeutig (technisch wie kommerziell) diese erteilt wurde. Im günstigsten Fall, reicht eine rechtsverbindlich unterschriebene Postkarte oder ein entsprechendes Signum auf einer Bestellkopie aus.

Y-GmbH   Dingsda, 1. April 2013

Ihre Bestellung 947314 vom 31. März 2013

<u>Unsere Auftragsnummer 1420/2013</u>

Vielen Dank für Ihre obige Bestellung. Wir bestätigen diese und werden den Vertrag in vollem Umfang erfüllen.

Y-GmbH

ppa.   *i.V.*

Abbildung 39:   Bestellungsannahme als Postkarte (Beispiel)

Leider entspricht die Praxis häufig nicht diesem Ideal. Statt einer kurzen Bestätigung erfolgt meist eine umfangreiche Darlegung, was man zu welchen Bedingungen erbringen wird. Wenn dies zugelassen wird, ist eine umfangreiche Prüfung erforderlich. Andernfalls muss man davon ausgehen, dass dieses „kaufmännische Bestätigungsschreiben" den vereinbarten Leistungsumfang und die Bedingungen beschreibt.

Besser ist es, die Parteien haben sich bereits im Vorhinein alle Einzelheiten und über die Art der „Bestellungsannahme" verständigt. Wenn der Lieferant eine besondere Form für seine internen Abläufe benötigt, mag er diese Abläufe intern regeln. Warum muss der Kunde diese nachvollziehen und Aufwände in Kauf nehmen?

Es soll Lieferanten geben, die im Zuge der Bestellungsannahme versuchen, Änderungen durchzusetzen. Nicht immer geschieht dies mit der zu erwartenden Offenheit. Dies kann den kaufmännischen Bereich (z. B. Preis, Termin, Bedingungen) oder aber auch den technischen Leistungsumfang betreffen. Es ist zu beachten, dass insbesondere bei größeren Projekten die Bestellungsannahme nach Beginn der Projektierung (Auftragsklärung) erfolgt. Dann verfügt der Lieferant über mehr Detailwissen als dies in der Angebotsphase der Fall ist. Unter Umständen wird der Lieferant versuchen, den Investor zu instrumentalisieren. Hierauf stellt man sich besser beizeiten ein.

Abweichungen sollte (schriftlich) widersprochen werden, wenn diese nicht oder nicht ohne weiteres zu akzeptieren sind. Beim Widerspruch ist Hartnäckigkeit geboten. Im Zweifel stehen beide Seiten unter Zeitdruck, nicht nur der Kunde. Ein kaufmännisches Bestätigungsschreiben hemmt nicht die Vertragsfolgen, auch nicht die Wirksamkeit einer Lieferverzugsstrafe. Insoweit läuft die Zeit gegen den Lieferanten. Es empfiehlt sich aber, diese Situation nicht auszunutzen.

10.2 Währungssicherung durchführen

Mit der Bestellung (und der entsprechenden Vorklärung) steht fest, wann welche Beträge zur Zahlung fällig werden. Ist die Zahlung in einer Fremdwährung zu leisten, ist eine rechtzeitige Kurssicherung angezeigt. Der richtige Zeitpunkt, dies zu tun, ist mit der Bestellungserteilung gekommen. Alles andere wäre Spekulation und somit unzulässig, zumindest in einem gut geführten Unternehmen, dass nicht von Bankgeschäften lebt. Kurssicherung dient der Risikovermeidung, nicht unbedingt der Gewinnmaximierung.

Das Risiko einer zufälligen Änderung des Wechselkurses, kann aus der folgenden Grafik entnommen werden. Sie zeigt die Kursentwicklung zwischen Euro und USD in einem bestimmten Zeitraum. Die Lieferung von Investitionsobjekten läuft oft über einen längeren Zeitraum, meist mehrere Monate. Über diese Zeit kann sich die Währungsrelation deutlich verändern.

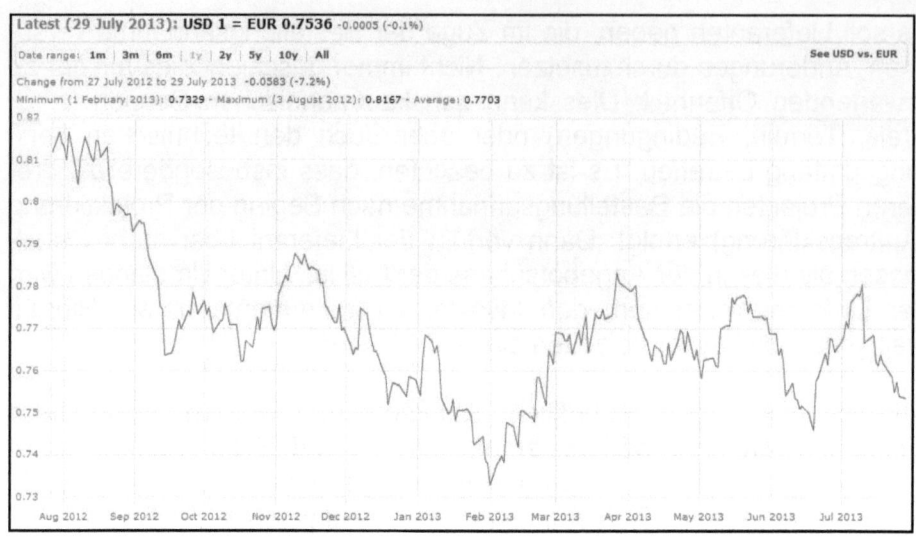

Abbildung 40: Kursentwicklung USD : Euro über 12 Monate [9]

Die Kurssicherung sollte über die Finanzabteilung bei einer Bank vorgenommen werden. Die Finanzabteilung kann abwägen, in wie weit dieser Vorgang mit anderen verrechnet werden kann (internes Währungshedging). Eine Kurssicherung empfiehlt sich auch dann, wenn spätere Verzögerungen nicht völlig ausgeschlossen werden können. Es gilt, möglichst nahe an den Zahlungszeitpunkt heranzukommen. Wesentliche Schwankungen ergeben sich meist nicht von einem Tag auf den anderen, können aber über einige Zeit sehr erheblich sein.

---

[9] Quelle: The European Central Bank

10.3 Anzahlungen leisten und Bürgschaften prüfen

Soweit Anzahlungen vereinbart sind, werden diese vom Lieferanten nach erfolgter formaler Bestellung angefordert. Vor der Zahlung ist darauf zu achten, dass

- eine widerspruchslose Bestellungsannahme vorliegt;
- die angeforderte Anzahlung vereinbart und fällig ist;
- die vereinbarten Sicherheiten (z. B. Bankbürgschaft) vorliegen;
- die Anzahlung in Form einer Rechnung angefordert wurde (gegebenenfalls mit gesondertem Ausweis der Umsatzsteuer).

Trifft einer der vorgenannten Punkte nicht zu, ist die Forderung, eine Anzahlung zu leisten, zurückzuweisen. Die Schriftform ist auch hierbei anzuraten. Ein vorheriger mündlicher (telefonischer) Kontakt kann Missverständnisse vermeiden helfen. Eine klare Ansage ist jedoch in jedem Fall angebracht.

Vereinbarte und erhaltene Bürgschaften verdienen besondere Beachtung. Es ist genau zu prüfen, ob diese (inhaltlich) der Vereinbarung entsprechen. Dies gilt nicht zuletzt für das Gültigkeitsdatum. Ist die Zahlung erst einmal geleistet, gestalten sich Diskussionen zu einer „Nachbesserung" wesentlich schwieriger.

Bürgschaften sind wichtige und wertvolle Dokumente. Sie sind daher sorgfältig zu verwahren. Eine Aufbewahrung im Firmensafe ist dringend anzuraten. Sie gehören sicher nicht in eine schlecht gesicherte Schreibtischschublade!

Nachträgliche Wünsche seitens des Lieferanten zu einer Anzahlung sind negativ zu bewerten. Dieser Wunsch hat den Charakter einer Vertragsänderung (Zahlungsbedingungen). Die Gründe hierfür können z. B. sein

- finanzieller Engpass beim Lieferanten
- Misstrauen in die Zahlungsfähigkeit des Kunden
- nachträgliche „Aufbesserung" des Auftrags

Diese oder ähnliche Gründe verdienen sicherlich keine positive Wertung. Wird einer nachträglichen Änderung der Zahlungsbedingungen zugestimmt, verlangt dies nach einem entsprechenden Ausgleich.

10.4 Terminüberwachung

Die Überschrift lässt vielleicht vermuten, dass es sich hier um die Überwachung des vereinbarten Liefertermins handelt. Das würde aber zu kurz greifen. Es handelt sich um mehr als nur einen Termin.

Im Abschnitt 9.1.11 wurde die Notwendigkeit eines Termingerüstes beschrieben. Gerade bei einem Investitionsobjekt müssen viele Termine ineinandergreifen. Sie sind vernetzt. Passt ein Termin nicht bzw. wird nicht eingehalten, gerät das ganze Konstrukt in Gefahr. Probleme fangen vorne an, und genau dort muss angesetzt werden.

Termine und Fristen müssen nach dem Kalender bestimmbar sein. Nur dann passen sie in ein Termingerüst, das sich mit vertretbarem Aufwand überwachen lässt. Es kann sich hierbei um Eckpunkte (Meilensteine), aber auch um einzelne Schritte handeln, die für eine Termineinhaltung relevant sind.

Die Aufgaben sind verteilt. Dies wird oft übersehen. Die Devise „nach der Bestellung muss der Lieferant nur noch den Vertrag erfüllen" stimmt meist nicht. Es empfiehlt sich, eine Aufgabenliste zu erstellen, die

- Aufgabe
- Termin
- Verantwortlicher
- akt. Status
- Bemerkungen

enthält. Es ist dringend zu empfehlen, unter der Rubrik „Verantwortlicher" keine Pauschalaussagen zu treffen (Kunde, Lieferant, Einkauf, Investor usw.), sondern konkrete Namen zu nennen. Das erleichtert die Überwachung erheblich. Das Aufführen eines Namens führt aus der Anonymität zu einer persönlichen Verantwortung. Allein das macht schon die Termine sicherer. Der Aufbau der Liste muss kein Geheimnis sein. Es schadet nicht, wenn der Lieferant – und die intern Beteiligten wissen, dass es eine solche Terminüberwachung gibt – und sie ernst genommen wird.

Wird die Aufgabenliste in einem Tabellenkalkulationsprogramm (z. B. Excel) ausgeführt, lassen sich Aktualisierungen leicht durchführen. Wichtig ist, dass es nur ein Original gibt. Die Kopien werden nachgeführt. Ein Beispiel für eine Aufgabenliste ist in der Abbildung 41 darstellt.

Aufgabe/Meilenstein	Termin	Verantwortlich	Status	Bemerkungen
Bestellung an Lieferant	2013-04-01	A. Schmitz Einkauf	erl. 31. 3. 13	
Bestellung bestätigen	2013-04-07	K. Schneider Y-GmbH	offen	
Bestellungsannahme prüfen	2013-04-14	A. Schmitz Einkauf	offen	
Fundamentpläne senden	2013-04-14	F. Klein Y-GmbH	offen	
Fundamentpläne genehmigen	2013-04-21	B. Schreiner Bauabteilung	offen	
Fundamenterstellung abschließen	2013-07-15	B. Schreiner Bauabteilung	offen	
Vorabnahme im Werk	2013-07-31	K. Gross Investor	offen	
Lieferbereitschaft melden (3 Tage Vorlauf)	2013-08-15	K. Schneider Y-GmbH	offen	
Transportversicherung anmelden Abholung veranlassen	2013-08-15	A. Schmitz Einkauf	offen	
Montagebeginn	2013-08-31	K. Schlosser Y-GmbH	offen	
Zahlungsfreigabe 1	2013-08-31	A. Schmitz Einkauf	offen	
Beginn Probebetrieb	2013-09-15	K. Schlosser K. Gross	offen	Präsenzpflicht für beide!
Übernahme durch Investor	2013-10-15	K. Gross Investor	offen	Frühester Termin, erfolgreicher Probebetrieb vorausgesetzt.
Zahlungsfreigabe 2 Check Rechtsfolgen (Pönale)	2013-10-15	A. Schmitz Einkauf	offen	
Letzter Check Gewährleistungsmängel	2015-08-30	A. Schmitz K. Gross	offen	Gemeinsame Verantwortung für rechtzeitige Rüge!
Ende Gewährleistungsfrist Rückgabe Bürgschaft	2015-10-15	A. Schmitz Einkauf	offen	

Abbildung 41:   Aufgabenliste (Beispiel)

Die Terminüberwachung ist nicht zuletzt Ausdruck des eigenen Interesses an der Vertragserfüllung – durch beide Seiten. Eine vorherige Absprache der Meilensteine und der Verantwortung ist empfehlenswert. Dies ist auch dann der Fall, wenn die Termine für die einzelnen Aufgaben und die Meilensteine nicht Gegenstand des Vertrages oder gar von Vertragsstrafen sind. Die Terminüberwachung hilft beiden Seiten, Diskussionen über eine mögliche Vertragsstrafe zu vermeiden. Wird das erkannt, kann die Relevanz einer Vertragsstrafe meist vermieden werden.

10.5 Notwendige Änderungen

Änderungen sind grundsätzlich problematisch. Sie stören die Prozesse und sind meist eine Folge unzureichender Vorbereitung. Dennoch stellen sich selbst bei sorgfältigster Vorbereitung neue Erkenntnisse und Notwendigkeiten ein. Daraus kann sich die Notwendigkeit von Änderungen ergeben. Dies ist ärgerlich, aber keine zu verheimlichende Schande.

Richtig ist, dass jede – noch so kleine Änderung – eine Vertragsänderung bedeutet; sie muss also vereinbart werden. Dabei kann es sich um kommerzielle / juristische oder technische Änderungen handeln.

Am häufigsten werden Änderungen am Investitionsobjekt vorgenommen, also technische Änderungen. Mitunter wird versucht, Änderungen auf „dem kleinen Dienstweg" abzuhandeln. Dies birgt Gefahren. Besser ist es, für alle Änderungen einen klaren Ablauf zu haben. Dies kann einen Genehmigungsweg beinhalten.

Alle Beteiligten müssen sich darüber im Klaren sein, dass Änderungen nicht kostenneutral sind, selbst wenn sie im Preis keinen Niederschlag finden. Im laufenden Prozess kommen Terminrisiken hinzu. Die Seite, die Änderungen wünscht befindet sich in einer schwachen Position. Von der Sache her stellt sie einen Antrag. Die Gegenseite erklärt, ob und unter welchen Bedingungen sie diesen annimmt. Eine Verhandlung ist stets von der Stärke bzw. Schwäche der Verhandlungspartner bestimmt.

Investitionsobjekte haben in aller Regel einen Genehmigungsprozess durchlaufen bevor es zu einer Bestellung kommen kann. Technische wie kommerziell / juristische Änderungen können daher auch Einfluss auf den Genehmigungsprozess haben. Unter Umständen sind eine Neugenehmigung oder eine Änderung der Genehmigung (Nachgenehmigung) erforderlich.

Änderungswünsche können von beiden Seiten kommen. Sie unterliegen unabhängig vom Verursacher gleichen Abläufen. Auch der Lieferant kann technische Änderungen vorschlagen. Meist haben diese eine Vereinfachung für ihn zum Ziel. Auch Zahlungsbedingungen (frühere Zahlung, Entfall von Bürgschaften) sind mitunter Gegenstand von Änderungswünschen. Spätere Lieferung könnte von beiden Seiten gewünscht werden. Die Kostenrelevanz ist in jedem Fall zu berücksichtigen.

Grundsätzlich ist für Änderungen folgender Ablauf festzuhalten:

1. Klärung der möglichen Änderung (einschließlich terminlicher und preislicher Konsequenzen) mit dem Lieferanten.
2. Falls erforderlich, Einholen der Genehmigung für die Änderung. Dies kann z. B. der Fall sein, wenn die Änderung Einfluss auf den vereinbarten Preis (und damit das genehmigte Volumen) oder den Erfüllungstermin hat.
3. Schriftliche Vertragsänderung. Diese kann durch einfachen Briefwechsel erfolgen.

Es gibt keine Änderungen, die diesem Ablauf nicht unterzogen werden brauchen. Diese kommen spätestens bei der Diskussion über Vertragsstörungen auf den Tisch. Änderungen (gleich welcher Art) betreffen stets das Investitionsobjekt und den geschlossenen Vertrag. Daher muss es den Grundsatz geben, dass keine Änderung ohne Zustimmung des Investors <u>und</u> des Einkaufs erfolgen darf.

Änderungsfreigabe	
Kunde:	Verbraucher AG, 00000 Irgendwo
Bestellung:	843718 vom 1. 4. 2013
Lieferant:	Y-GmbH, 00000 Dingsda
Auftragsnummer:	1475/2013
Gegenstand:	Prüfmaschine gem. Bestellspezifikation (Anlage)

Zu obigem Vertrag werden folgende Änderungen vereinbart:	
lfd. Nr.	Änderung
001	Energiezuführung von unten, statt von oben.
002	Querschnitt Haupanschlusskabel $3x20^2$ statt $3x16^2$
003	./.
004	./.

Die vorstehenden Änderungen haben keine Auswirkungen auf den vereinbarten Preis, den Termin und sonstige Vereinbarungen.

Ort: Irgendwo		Datum: 2013-07-15
Firma	Name/Funktion	Unterschrift
Y-GmbH	A. Petermann/Montageleiter	
Verbraucher AG	K. Gross/Betriebsleiter	
Verbraucher AG	A. Schmitz/Einkauf	
Genehmigung (falls erforderlich)		
Verbraucher AG	G. Pfennig/Controlling	

Abbildung 42: Änderungsfreigabe (Beispiel)

Auch wenn es einen geregelten Prozess für Änderungen gibt, sie stören den Prozess und sollten daher vermieden werden, von allen Seiten.

10.6 Vorzeitige „Abnahme/Übergabe" vermeiden

Die Abnahme oder auch Übergabe eines Investitionsobjektes ist nicht an eine besondere Form gebunden. Daher bedarf es einiger Umsicht, eine unbeabsichtigte (zufällige) Abnahme zu vermeiden.

10.6.1 Vorabnahme beim Hersteller

Mitunter wird die Vorabnahme eines Investitionsobjektes beim Hersteller vereinbart. Diese soll dazu dienen, mögliche Unstimmigkeiten früh zu erkennen und noch beim Hersteller abstellen zu lassen. Korrekturen sind dann leichter möglich, als dies nach der Aufstellung des Objektes beim Kunden der Fall wäre. Dieser Fakt bietet Vorteile für beide Seiten.

Es ist dringend geboten, zu dokumentieren, dass die Vorabnahme keine endgültige Übernahme ist, die eine (endgültige) Abnahme nach Probebetrieb am Ausstellungsort ersetzt. Ein entsprechender Vermerk in der Bestellung (im Vertrag) sollte bereits gegeben sein. Ein entsprechendes Protokoll im Zuge der Vorabnahme kann dies vollends klarstellen.

10.6.2 Annahme (Wareneingang) des Investitionsobjektes

Investitionsobjekte müssen transportiert werden. Sie kommen dann beim Kunden an und werden dort abgeladen. Der Empfang wird quittiert. Ohne eine solche Quittung wird der Spediteur das Investitionsobjekt wohl kaum beim Kunden lassen.

Es ist darauf zu achten, dass die Annahme des Objektes unter Vorbehalt einer späteren Prüfung erfolgt und keine Abnahme / Übernahme bedeutet. Ein solches Verfahren sollte im Wareneingang grundsätzlich angewendet werden. Eine Selektion nach Investitionsobjekten und anderen Eingängen lässt sich im Tagesgeschäft kaum realisieren.

10.7 Probebetrieb

Beim Probebetrieb soll der Nachweis erbracht werden, dass das Investitionsobjekt die geforderten / zugesagten Leistungen auch in der Praxis vor Ort erbringt. Nicht zuletzt vor diesem Hintergrund macht es Sinn, den Probebetrieb kritisch zu begleiten. Auf jeden Fall sollte der Probebetrieb vor der Übernahme erfolgen.

Weiterhin kann der Probebetrieb zur Schulung des Personals für Bedienung, Wartung und Reparatur genutzt werden. Zu keinem anderen Zeitpunkt wird man so umfassend und preiswert „Schulungen" erhalten. Das ist kostengünstig und effizient.
Es macht also auch Sinn, den Lieferanten großzügig mit eigenem Personal zu unterstützen. Das zahlt sich beim späteren Betrieb aus. Die Dauer des Probebetriebes ist vertraglich zu regeln.

Während des Probebetriebes wird die technische Verfügbarkeit festgestellt. Nach dem „Einfahren" einer Maschine sollte diese weitgehend störungsfrei arbeiten und der vereinbarten technischen Verfügbarkeit entsprechen.

Am Ende des Probebetriebes findet ein abschließender Test statt (z. B. bezüglich der maximalen Leistungsfähigkeit). Dieser sollte auf Anhieb zum Erfolg führen. Ist dies nicht der Fall, kann der Test zweimal wiederholt werden. (Entsprechendes sollte im Vertrag stehen!) Wird auch dann der Test nicht bestanden, entspricht das Investitionsobjekt nicht dem Vertrag.

In aller Regel folgt auf den Probebetrieb die Übernahme durch den Kunden (Investor). Was aber, wenn das Investitionsobjekt nicht die vereinbarte Leistung erbringt? In diesem Fall kann der Kunde das Recht auf

- Minderung
- Wandlung

ausüben. Bei einer Minderung wird das Investitionsobjekt in der gegebenen Ausführung übernommen. Im Gegenzug wird ein geminderter Preis vereinbart. Wie hoch die Minderung ausfällt, ist nicht nur eine Frage des Mangels (Abweichung von der vereinbarten Leistung), sondern auch der Verhandlungsposition.

Eine Wandlung würde die Rückgabe des Investitionsobjektes an den Lieferanten bedeuten. Der Investitionsprozess würde von vorne beginnen, das Investitionsobjekt nicht mehr zur Verfügung stehen, und das wahrscheinlich über einen längeren Zeitraum. Dazu besteht seitens des Kunden oft keine Bereitschaft. Der „totale Verzicht" schmerzt zu stark. Daher wird eher die Minderung zum Zuge kommen.

Die Verhandlungsposition wird nicht zuletzt durch das Zusammenwirken der eigenen Seite bestimmt. Es ist daher wichtig, das die eigene Seite rechtzeitig zu einer gemeinsamen Entscheidung und einer gemeinsamen Strategie findet. Die Verhandlung ist vorzubereiten wie sie in Abschnitt 6 beschrieben ist. Es ist davon auszugehen, dass der Lieferant versuchen wird, Entscheidungsträger argumentativ zu beeinflussen.

10.8 Übernahme des Investitionsobjektes (Abnahme)

Die Übernahme des Investitionsobjektes ist ein rechtlich relevanter Akt, eine Rechtshandlung. Diese verlangt eine sorgfältige Vorbereitung. Im Zuge der Vorbereitung sind folgende Fragen zu beantworten:

- Hat der Lieferant alle Leistungen erbracht?
- Gibt es ein Recht auf Vertragsstrafe (Lieferverzugsstrafe)?
- Gibt es „ungeklärte" Änderungen?

Die Übernahme erfolgt im Zuge einer Abnahme. Sie muss ebenso sorgfältig vorbereitet werden wie der Vertragsabschluss. Es empfiehlt sich, ein eigenes Formular zu verwenden. Damit gewinnt man die Freiheit der eigenen Wortwahl. Ein Beispiel ist in Abbildung 45 dargestellt.

Die Abnahme begründet die Übernahme des Investitionsobjektes, den endgültigen Gefahrenübergang. Alle Einschränkungen hierzu sind an Ort und Stelle schriftlich (also im Formular) festzuhalten.

Mit der Abnahme werden alle offenen (= erkennbaren) Mängel akzeptiert und somit auf ihre kostenlose Beseitigung verzichtet. Um dies zu vermeiden, sind alle erkannten Mängel im Protokoll aufzuführen und deren kostenfreie Beseitigung (mit konkretem Termin) festzuhalten.

Weiterhin ist nach weiteren offenen Mängeln offensiv zu suchen. Die Abnahme ist die letzte Möglichkeit, diese wirksam zur Beanstandung zu bringen. Anderenfalls wäre man auf die „Kulanz" des Lieferanten angewiesen. Besser ist es, einen Rechtsanspruch zu haben.

Es ist dringend geboten, die Vollständigkeit der vereinbarten Leistung zu überprüfen. Alle noch fehlenden Komponenten sind aufzuführen und die nachträgliche Übergabe mit Termin aufzuführen.

Entsprechendes gilt auch für die Dokumentation. In manchen Fällen bedarf es nach der Abnahme noch einer Vervollständigung der Dokumentation, sodass deren vollständige Übergabe bei der Abnahme tatsächlich nicht möglich ist. Dann ist aber auch hierzu ein Termin aufzuführen.

Soweit nicht ausdrücklich anders vereinbart, beginnt mit der Abnahme die Gewährleistungsfrist. Dies ist nicht zuletzt für versteckte Mängel relevant.

Das Abnahmeprotokoll hat den Charakter einer verpflichtenden Erklärung. Der Lieferant verpflichtet sich hierin, die aufgeführten Nachlieferungen bzw. ausstehenden Leistungen zum entsprechenden Termin nachträglich zu erbringen.

Weiterhin ist die Abnahme relevant für die Wirksamkeit von Ansprüchen aus Lieferverzugsstrafe. Ohne einen entsprechenden Vermerk würde die Abnahme als Verzicht auf eine eventuelle Lieferverzugsstrafe gelten. Ein entsprechender Vermerk sollte also in jedem Fall gemacht werden.

Dass ein Entscheidungsträger des Lieferanten an der Abnahme teilnimmt, darf als selbstverständlich gelten. Die Teilnahme des Investors und des zuständigen Einkäufers dürften ebenso selbstverständlich sein. Es ist dringend anzuraten, auch die anderen internen Beteiligten zu dem Termin zu bitten, sodass ein größerer Personenkreis an der Abnahme teilnehmen wird:

- Lieferant
- Investor
- Einkauf
- Sicherheitsbeauftragter
- Umweltbeauftragter
- Qualitätsmanager

Der Personenkreis ist erweitert, da die Abnahme auch die Akzeptanz von Eigenschaften beinhaltet, die indirekt mit dem Investitionsobjekt zusammenhängen. Rahmenbedingungen, die z. B. Arbeitssicherheit und Umwelt betreffen, sind ebenso relevant. Wenn es hierzu Einwände (TÜV, Umweltbehörde, Gewerbeaufsicht, Berufsgenossenschaft usw.) gibt, sollten diese vor der Übernahme bekannt sein. Nach der Abnahme wird der Lieferant nur schwer in die Pflicht zu nehmen sein.

Alle Anwesenden unterzeichnen das Abnahmeprotokoll. Allen eingeladenen, aber nicht anwesenden Personen muss klar (gemacht worden) sein, dass sie hiermit das Abnahmeprotokoll im Vorhinein akzeptieren.

Es ist zu vermeiden, dass ein paralleles Abnahmeprotokoll auf einem Lieferantenformular angefertigt und unterzeichnet wird. Hierdurch könnten Probleme durch das „Kleingedruckte" entstehen. Widersprüche sind zu vermeiden.

Sollte der Lieferant es ablehnen, das gemeinsam ausgefüllte Abnahmeprotokoll zu unterschreiben, erhält er dieses umgehend mit eingeschriebenem Brief zugeschickt.

Die erkannten Mängel können zu einer vorläufigen Kürzung von Zahlungen führen. Die muss in angemessenem Verhältnis zu den noch zu erbringenden Leistungen stehen. So ist es ganz sicher nicht angemessen, nur wegen fehlender Dokumentation die komplette Schlusszahlung zu verweigern.

	Abnahmeprotokoll		
Kunde:	Verbraucher AG, 00000 Irgendwo		
Bestellung:	843718 vom 1. 4. 2013		
Lieferant:	Y-GmbH, 00000 Dingsda		
Auftragsnummer:	1412/2013		
Gegenstand:	Prüfmaschine gem. Bestellspezifikation (Anlage)		
Das vorgenannte Investitionsobjekt wurde heute im Beisein der Unterzeichner abgenommen. Die Abnahme gilt unter folgenden Vorbehalten:			
Maßnahme		zu erledigen bis	durch
Die vereinbarte Dokumentation wird nachgeliefert.		2013-10-31	Y-GmbH
Kabelbaum (Pos. 47) wird nachgeliefert		2013-10-20	Y-GmbH
ESV-Zertifikat wird nachgereicht		2013-10-20	Y-GmbH
./.			
./.			
Eventuelle Ansprüche auf Lieferverzugsstrafe werden durch diese Abnahme nicht berührt.			
Mit dieser Abnahme beginnt die Laufzeit der vereinbarten Gewährleistungsfrist.			
Ort: Irgendwo		Datum: 2013-10-15	
Firma	Name/Funktion	Unterschrift	
Y-GmbH	A. Petermann/ Montageleiter		
Verbraucher AG	K. Gross/Betriebsleiter		
Verbraucher AG	A. Schmitz/Einkauf		
Verbraucher AG	P. Gründlich/Sicherheit		
Verbraucher AG	Z. Reinlich/Umwelt		
Verbraucher AG	C. Genau/Qualität		

Abbildung 43: Abnahmeprotokoll (Beispiel)

10.9 Lieferverzugsstrafe geltend machen

Eine Lieferverzugsstrafe kann nur dann geltend gemacht werden, wenn sie vertraglich vereinbart wurde. Die Details hierzu sind in Abschnitt 9.1.12 erläutert. Damit ist die Grundlage gelegt, um für den Fall der Späterfüllung eine finanzielle Einwirkungsmöglichkeit zu haben. Ein Anspruch besteht immer dann, wenn der vertraglich vereinbarte Fakt eingetreten ist, und die Verzögerung durch den Lieferanten zu vertreten ist. Änderungen können hierbei negativ zu Buche schlagen, wenn diese nicht in der unter 8.9 beschriebenen Art und Weise vereinbart wurden. Dann folgen meist Diskussionen, die auch vor Gericht enden können.

Es empfiehlt sich, die Anwendung der Lieferverzugsstrafe schriftlich anzukündigen und den entsprechenden Betrag von der Schlussrechnung abzuziehen. Eine spätere Forderung würde einer entsprechenden Handlung des Lieferanten bedürfen. Eine berechtigte Kürzung schafft Fakten.

10.10 Dokumentation sicherstellen

Die Dokumentation ist integraler Bestandteil des Leistungsumfanges des Lieferanten. Alle Details hierzu sollten spätestens bei der Abnahme zur Verfügung stehen, wenn nicht ausnahmsweise ein späterer Termin vereinbart wurde. In diesem Fall ist das Fehlen der Dokumentation im Abnahmeprotokoll zu vermerken. Dies gilt auch für den Fall, dass ein späterer Termin vereinbart wurde. Liegt die Dokumentation nicht oder nicht im vereinbarten Umfang vor, ist eine teilweise Einbehaltung der Schlusszahlung angebracht.

Bei Erhalt ist die Dokumentation auf Form und Vollständigkeit zu überprüfen. Mängel sind umgehend anzuzeigen und eine Nachbesserung durchzusetzen.

10.11 Abschluss des Wartungsvertrages

Nahezu jedes Investitionsobjekt bedarf während der Nutzungsdauer der Wartung und Instandhaltung. Das Angebot des Lieferanten sollte gleichzeitig mit dem Investitionsobjekt vorliegen, um eine umfassende Entscheidungsgrundlage zu bekommen. Dabei ist darauf zu achten, dass die Angebotsgültigkeit für den Wartungsvertrag eine hinreichende Gültigkeit hat. Unter Umständen macht es Sinn, den möglichen Wartungsvertrag bereits in die Verhandlung einzubeziehen.

Vielleicht muss der Wartungsvertrag aus Zeitgründen noch aufgeschoben werden. Spätestens vor der Übernahme des Investitionsobjektes sollte ein Wartungsvertrag abgeschlossen sein. Dabei ist abzuwägen, ob ein Wartungsvertrag mit dem Lieferanten des Investitionsobjektes von Vorteil ist, oder ob ein anderer Leistungserbringer größere Vorteile bietet. Die Zusammenfassung der Wartungsaufgaben in eigener Regie oder auf einen gemeinsamen Dienstleister kann durchaus von Vorteil sein.

Mit den entsprechenden Unterlagen und entsprechender Schulung sollten allgemeine Tätigkeiten erbracht werden können, ohne in größere Reisekosten und meist höhere Stundensätze zu investieren. Die Vorteile einer Bedarfszusammenfassung sind nicht von der Hand zu weisen.

Mit wem auch immer ein Wartungsvertrag abgeschlossen werden soll, Zeitdruck ist ein schlechter Ratgeber. Es darf also nicht zu lange gewartet werden.

10.12 Ersatzteilversorgung sicherstellen

Zeit ist Geld, so sagt man. Dies gilt nicht zuletzt für Investitionsobjekte. Diese nutzen nur dann etwas, wenn man sie nutzen kann. Ohne Ersatzteile kann dies schwierig werden. Zum einen ist wichtig, dass die Versorgung mit Ersatzteilen über die gesamte zu erwartende Nutzungsdauer gewährleistet ist. Im Zweifel ist eine Frist von 10 Jahren angemessen. Zum anderen ist auch eine kurzfristige Verfügbarkeit wichtig. Andernfalls drohen längere Ausfallzeiten.

Eine konkrete Vereinbarung über

- Verfügbarkeit im Einzelnen
    - vor Ort beim Kunden (Konsignationslager?)
    - beim Lieferanten
- Preise / Preisgültigkeit
- Zahlungsbedingungen

sollte noch vor der Übernahme / Abnahme des Investitionsobjektes geschlossen sein. Ein vorliegendes Angebot ist eine gute Sache, dessen Gültigkeit ist aber begrenzt.

Die Verhandlung bezüglich Ersatzteile sollte in jedem Fall bereits in Zusammenhang mit der eigentlichen Investition erfolgt sein. Hier hat es auch noch die Möglichkeit gegeben, spezielle Ersatzteile durch handelsübliche zu ersetzen. Zu jedem späteren Zeitpunkt sind solche Grundsatzdiskussionen kaum noch erfolgversprechend.

Für spezielle Ersatzteile gibt es zum Lieferanten des Investitionsobjektes kaum eine Alternative. Ein weiteres Verschieben der Entscheidung macht also keinen Sinn. Warten schwächt allenfalls die eigene Position. Verfügbarkeit von Ersatzteilen ist ein hohes Gut.

11. Aufgaben nach der Übernahme

Im Zuge der Übernahme / Abnahme hat der Lieferant des Investitionsobjektes seine Leistung im Wesentlichen erbracht. Jetzt geht es „nur noch" um die Gegenleistung und die Behandlung von Vertragsstörungen.

11.1 Zahlungsabwicklung

Die Zahlungsmodalitäten wurden eingehend unter 7.1.2 beschrieben. Nach der Lieferung des Investitionsobjektes, spätestens nach der Abnahme / Übernahme wird die Schlusszahlung zur Erledigung anstehen. Die Leistung der Schlusszahlung setzt voraus, dass die vereinbarte Leistung tatsächlich und in vollem Umfang erfolgt ist. Hierzu gehören vor allem

- Lieferung des Investitionsobjektes
- mängelfreie Abnahme
- vollständige Übergabe der Dokumentation
- Einhaltung sonstiger Zusagen

Ist einer der vorgenannten Punkte nicht gegeben, ist die Schlusszahlung ganz oder teilweise zurückzuhalten. Jeder Zahlungsaufschub muss angemessen sein. Auf der anderen Seite muss für den Lieferanten ein Anreiz gegeben sein, die noch ausstehende Leistung schnellstmöglich und vollständig zu erbringen.

Die Berechnung der Schlusszahlung stellt sich wie folgt dar:

    Gesamtbetrag gemäß Vertag

    + Mehrungen infolge Änderungen

    - Minderungen infolge Änderungen

    ―――――――――――――――――

    Zwischensumme gültiger Preis

    - geleistete Anzahlungen

    - Ansprüche aus Vertragsstrafe

    ―――――――――――――――――

    zu zahlender Betrag

    ===========================

Gegebenenfalls sind Rückbehalte für

- noch nicht erbrachte Leistungen (einschl. Dokumentation)
- zu beseitigende Mängel
- noch fehlende Gewährleistungsbürgschaft

zu berücksichtigen. Mit der Schlusszahlung ist sorgsam umzugehen. Ist diese erfolgt, verlieren Argumente deutlich an Wert. Auf der anderen Seite wäre auch die Verschleppung der Zahlung ein Vertragsbruch, der nicht hinnehmbar ist. Sorgfältiges und umsichtiges Vorgehen darf nicht mit Verschleppung verwechselt werden.

11.2 Rückgabe von Bankbürgschaften

Bürgschaften dienen der Sicherung von Ansprüchen. Mit dem Erbringen der Leistung durch den Lieferanten sind die Ansprüche erfüllt und verlangen somit keine Sicherung mehr. Daher sind zu diesem Zeitpunkt die nicht mehr erforderlichen Bankbürgschaften zurückzugeben. Dabei handelt es sich insbesondere um

- die Durchführungsbürgschaft
- die Anzahlungsbürgschaft

Die Gewährleistungsbürgschaft ist anders zu betrachten. Sie soll die Ansprüche des Kunden über die Gewährleistungszeit hinweg sichern. Daher wird diese erst nach Ablauf der Gewährleistungsfrist und Erledigung aller noch offenen Mängel zurückgegeben.

11.3 Als Referenz dienen

Es ist üblich, von potenziellen Lieferanten von Investitionsobjekten, Referenzlisten zu verlangen und diese zu überprüfen. Dazu gehört auch die Kontaktaufnahme mit früheren Kunden. „Zufriedene Kunden danken es Ihnen", heißt es nicht zu unrecht. Mitunter werden einzelne Kunden aus der Referenzliste ausdrücklich zur Kontaktaufnahme empfohlen. Warum ist das so?

Besonders empfohlen werden ganz sicher nicht permanente Nörgler, also die unzufriedenen Kunden. Investitionsobjekte, die immer wieder zu Problemen führen, werden potenziellen Kunden ganz sicher nicht empfohlen. Referenzkunden sind immer zufrieden. Zumindest wird der Lieferant alles Vertretbare tun, um diesen Zustand zu erreichen und zu erhalten.

Vor diesem Hintergrund ist es erstrebenswert, ein Referenzkunde zu sein. Daher kann es nicht falsch sein, sich gezielt einen Platz auf der Referenzliste des Lieferanten zu suchen und gerne als Referenz und somit als Kontakt für spätere Interessenten zu dienen.

Vielleicht führt dies auch zu Wünschen nach Besichtigungen vor Ort. Ob man diese zulassen möchte, muss im Einzelfall entschieden werden. Wird dies als Nachteil angesehen, sollte dies gegen den Vorteil einer möglichen „Sonderbehandlung" abgewogen werden.

11.4 Gewährleistungsverfolgung

Gewährleistung wird für Mängel übernommen, die von Anfang an bestanden, jedoch nicht erkannt werden konnten (versteckte Mängel). Es wird davon ausgegangen, dass jeder Ausfall einer Komponente während der vereinbarten Gewährleistungsfrist unter diese Maßgabe fällt. Ausgenommen davon sind solche Schäden, die durch den Nutzer selbst zu vertreten sind (z. B. infolge Fehlbedienung, falscher oder nicht erfolgter Wartung).

Weiterhin werden oft „Verschleißteile" von der Gewährleistung ausgenommen. Ein solches Ansinnen sollte bereits bei der Vertragsverhandlung zurückgewiesen werden. Lässt es sich nicht ausschließen, darf dies nicht als pauschaler Gewährleistungsausschluss stehen bleiben. Stattdessen ist zumindest eine Auflistung der von der Gewährleistung ausgeschlossenen Teile zu verlangen. Diese Auflistung verlangt eine eingehende Prüfung – vor der Bestellung des Investitionsobjektes. Nachträgliches jammern hilft nicht viel. Vielmehr fällt dann eine kostenpflichtige Reparatur an.

Gewährleistungsansprüche entstehen während der Gewährleistungsfrist. Meist handelt es sich dabei um einen Anspruch auf kostenlosen Austausch eines Bauteils, also kostenlose Reparatur. Dieser Anspruch muss nicht nur während der Gewährleistungsfrist entstehen, sondern auch während dieser Zeit durchgesetzt werden. Daher ist es dringend geboten, die Termine nicht aus dem Auge zu verlieren.

Die Gewährleistungsfrist beginnt zu einem bestimmten Zeitpunkt, z. B. mit der Abnahme eines Investitionsobjektes. Es macht Sinn, dies schriftlich und gemeinsam festzuhalten. Dies erspart spätere Diskussionen.

Grundsätzlich sollte die Dauer der Gewährleistungsfrist vertraglich geregelt sein. Bestimmte Ereignisse können zu einer Verlängerung der Gewährleistungsfrist führen. Ein Beispiel hierfür ist die Unterschreitung der technischen Verfügbarkeit während der Gewährleistungsfrist. Es ist dringend geboten, diese Verlängerungen im Einzelfall (Monat für Monat) gemeinsam festzustellen.

Schließlich und endlich ergibt sich ein kalendarisches Ende einer Gewährleistungsfrist, das absehbar ist. Es ergibt sich weder plötzlich, noch sollte es überraschend sein. In der Praxis ist dies oft anders. Es scheint als würden gerade kurz nach Ablauf der Gewährleistungsfrist Mängel auftreten oder erkannt. Die Folge davon ist absehbar. Statt einen Anspruch durchzusetzen, kann man allenfalls auf die Kulanz des Lieferanten hoffen. – Eine schwache Position!

Diesen Zufällen kann entgegengewirkt werden, und zwar durch Terminarbeit. Es ist feststellbar, wann eine Gewährleistungsfrist endet. Damit kann rechtzeitig vor Ende der First gehandelt werden. Es erscheint ausreichend, sechs Wochen vor dem Ende nach Mängeln aktiv zu fahnden.

Das Durchsetzen von Ansprüchen als Gewährleistung obliegt sicher dem Einkauf. Daher sollte auch von dort gezielt auf das baldige Ende der Gewährleistungsfrist hingewiesen werden. Damit wird dem Investor Gelegenheit gegeben, Mängel kurzfristig anzuzeigen und die Durchsetzung der entsprechenden Ansprüche möglich zu machen. Je nach Verteilung der Zuständigkeiten kann es Sinn machen, auch andere Funktionsträger (z. B. den Umwelt- und den Sicherheitsbeauftragten) einzubeziehen. Ein Beispiel zu einem möglichen Ablauf ist in Abbildung 44 dargestellt.

Eine Werkzeugmaschine wurde am 15. Februar 2011 abgenommen. Dabei wurde im Abnahmeprotokoll der Beginn der Gewährleistungsfrist mit dem Tag dokumentiert.

Die Gewährleistungsfrist beträgt 24 Monate. Bei nicht gegebener technischer Verfügbarkeit verlängert sich die Gewährleistungsfrist für jeden Monat, in dem das der Fall ist um einen Monat. Die maximale Gewährleistungsfrist darf 36 Monate nicht überschreiten.

Die technische Verfügbarkeit wurde in den Monaten März, April, August, Oktober und November 2011 und Februar 2012 unterschritten. Diese Tatsache ist unstrittig.

Aus diesen Aussagen ergibt sich folgender Ablauf:

Datum	Fakt
2011-02-15	Beginn der Gewährleistungsfrist
2013-02-14	Ablauf der vorherbestimmten Gewährleistungsfrist
2013-06-14	Verlängerung der Gewährleistungsfrist um 6 Monate (wegen nicht erreichter technischer Verfügbarkeit).
2013-04-30	Hinweis auf das Ende der Gewährleistungsfrist durch den Einkauf beim Investor, Erfragen noch zu rügender Mängel.
2013-05-15	Meldung der „Restmängel" durch den Investor an den Einkauf.
2013-05-18	Meldung der „Restmängel" durch den Einkauf an den Lieferanten, mit der Aufforderung, diese bis spätestens 14. 6. 2013 abzustellen und sich hierzu bis spätestens 30. 5. 2013 zu erklären.
2013-05-28	Der Lieferant erkennt die „Restmängel" an und erklärt, diese bis spätestens 14. 6. 2013 zu beseitigen. Sollte die Beseitigung der Mängel sich verzögern, erfolge diese in jedem Fall kostenfrei für den Kunden.
Damit sind die Gewährleistungsansprüche termingerecht durchgesetzt. Es ist nicht erforderlich, auf die Kulanz des Lieferanten zu hoffen.	

Abbildung 44: Gewährleistungsverfolgung (Beispiel)

Liegt eine Gewährleistungsbürgschaft vor, kann diese nach Ablauf der Gewährleistungsfrist zurückgegeben werden. Sind zu diesem Zeitpunkt noch Mängelbeseitigungen offen, ist diese bis nach der Mängelbeseitigung zurückzuhalten.

Oft wird verabredet, dass die Gewährleistung für ausgetauschte Bauteile erneut beginnt, also zum Beispiel komplette 24 Monate, obwohl die Gewährleistungsfrist (Rest) für das gesamte Investitionsobjekt vielleicht nur noch 12 Monate beträgt. Dies ist gut und richtig. Andernfalls könnten defekte Bauteile durch minderwertige ersetzt werden, die nur noch die Zeit bis zum Ablauf der Gewährleistungsfrist überbrücken. Die ausgetauschten Bauteile sind aufzulisten und das Datum des Auslaufs der individuellen Gewährleistungsfrist nachzuhalten. Auswirkungen auf die Rückgabe der Gewährleistungsbürgschaft sollte dies im Regelfall nicht haben.

12. Handlungsalternativen nach Ablauf der Nutzungsdauer

Früher oder später kommt für jedes Investitionsobjekt das Ende der Nutzung. In der Euphorie des „Habenwollens" wird dies oft nicht bedacht. Es ist wichtig und sinnvoll, diesen Umstand bereits bei der Planung und Anschaffung zu berücksichtigen. Wenn das Ende der Nutzungsdauer erst einmal erreicht ist, kann es für manche grundsätzlichen Überlegungen zu spät sein.

Bei entsprechender Vorsorge können am Ende der Nutzungsdauer folgende Optionen gegeben sein:

- Rückgabe an den Lieferanten
- Verkauf
- Verschrottung / Entsorgung

Wohl dem, der zwischen diesen Optionen frei wählen kann!

12.1 Möglichkeiten des Lieferanten

Für verschiedene Investitionsobjekte hat der Gesetzgeber bereits Lösungen vorgesehen. In jedem Fall kann aber mit dem Lieferanten diskutiert (und vereinbart) werden, welche Möglichkeiten er für das Ende der Nutzungsdauer vorgesehen hat.

Diese Möglichkeiten sind abhängig vom jeweiligen Investitionsobjekt zu sehen. Für ein Kraftfahrzeug oder einen Gabelstapler sind andere Voraussetzungen gegeben als für eine Spezialmaschine, für die es nur einen kleinen Markt gibt.

Ist die Nutzungsdauer vorherbestimmt, ergeben sich eher Möglichkeiten als bei einem unbestimmten Ende. Dies gilt nicht zuletzt für einen möglichen Weiterverkauf.

Mitunter ergeben sich Restriktionen erst im Laufe der Nutzungsdauer. Hier ist z. B. die Verwendung von Asbest in Industrieöfen oder Nachtspeichergeräten zu nennen. Wäre in diesen Fällen das Recht einer kostenlosen Rückgabe (gegebenenfalls innerhalb einer bestimmten Frist) vereinbart worden, wäre dies für den Kunden sicher eine kostengünstige Lösung. Die Entsorgung auf eigene Kosten ist es in diesem Fall sicher nicht.

Das Recht der Rückgabe innerhalb einer bestimmten Frist gegen Erstattung eines bestimmten Teils des Kaufpreises kann eine weitere Möglichkeit sein. Hierbei handelt es sich um das Recht der Rückgabe und die Pflicht der Rücknahme. Der Käufer kann sich frei entscheiden, ob er von seinem Recht Gebrauch macht oder nicht.

Die Möglichkeiten sind bei Vertragsabschluss bezüglich des Investitionsobjektes zu vereinbaren, einschließlich der entsprechenden Fristen. Eine spätere Vereinbarung wird mit hoher Wahrscheinlichkeit weniger vorteilhaft ausfallen. – Die Verhandlungsposition ist sehr wahrscheinlich schwächer.

12.2 Verkauf in eigener Verantwortung

Für die meisten Investitionsobjekte gibt es einen Gebrauchtmarkt. Manche Kunden verzichten bewusst auf den Kauf (teurer) neuer Maschinen und verlegen sich auf mehr oder weniger gut erhaltene gebrauchte. Die Vor- und Nachteile dieser Vorgehensweise stehen hier nicht zur Diskussion. Wichtig ist, dass dieser Fakt gegeben ist.

Kommt aufgrund des Zustandes des Investitionsobjektes ein Verkauf infrage, so kann erwogen werden, diesen in eigener Regie zu organisieren oder auf vorhandene Strukturen zurückzugreifen. Grundsätzlich bestehen die Möglichkeiten

- Verkauf über Händler (z. B. Gebrauchtmaschinenhändler)
- Verkauf in Eigeninitiative

Beide Möglichkeiten haben ihre Besonderheiten. Der Verkauf über Händler ist meist recht einfach und geht schnell. Dem steht ein relativ niedriger Erlös gegenüber. Dafür ist das Objekt relativ schnell aus dem Haus. Der Platz steht für anderes zur Verfügung.

Auf der anderen Seite ist ein Verkauf in eigener Regie recht aufwändig. So sind z. B. (kostenpflichtige) Anzeigen in Fachzeitschriften oder im Internet erforderlich. Der Zeitpunkt des Verkaufs und der zu erzielende Erlös bleiben über einige Zeit offen. Bis zum Verkauf muss das Objekt meist am Aufstellungsort verbleiben. So ist z. B. eine nicht mehr funktionsfähige Maschinen (abgebaut oder zumindest abgeklemmt) kaum mehr verkaufsfähig.

Welche Form des Verkaufs bevorzugt wird, muss unter den gegebenen Voraussetzungen von Fall zu Fall entschieden werden.

12.3 Verschrottung und Entsorgung

Kommen am Ende der Nutzungsdauer weder Rückgabe noch Verkauf infrage, bleiben nur noch Verschrottung oder Entsorgung. Bei der Verschrottung werden in aller Regel die Materialien, aus denen das Investitionsobjekt besteht, wiederverwendet bzw. wiederverwertet. Hierbei kann ein (meist bescheidener) Erlös generiert werden. Bei der Entsorgung sieht das anders aus. Eine Entsorgung führt meist zu Kosten.

Abhängig von den beinhalteten Materialien können die Kosten für eine Entsorgung die ursprünglichen Anschaffungskosten übersteigen. Bei den kritischen Materialien kann es sich z. B. um folgende handeln:

- Mineralfasern wie
    - Asbest
- Metalle wie
    - Quecksilber
    - Cadmium
    - Cyan
- synthetische Gase
- synthetische Öle wie
    - Clophen (PCB)

Die Liste ist bei weitem nicht vollständig. Sie wird sich über die Zeit erheblich verlängern. Materialien, deren Verwendung heute noch als normal gilt, könnten bald unzulässig sein und als „Sondermüll" gelten, deren Entsorgung nur sehr aufwändig möglich ist.

Bei der Anschaffung des Investitionsobjektes mag die Verwendung der Materialien durchaus zulässig gewesen sein. Auch die Nutzung des Investitionsobjektes über die Zeit kann legal gewesen sein. Das alles wird den Aufwand für die Entsorgung nicht verringern. Das Verursacherprinzip gilt nicht. Eine Abwälzung der Entsorgungskosten auf den Lieferanten oder den Hersteller kommt rechtlich nicht infrage.

Eine illegale Entsorgung scheint vielleicht möglich, kann jedoch ausgesprochen teuer und unangenehm werden. Ganz bestimmt kann sie nicht als „Kavaliersdelikt" abgetan werden.

13. Investitionsmanagement als kontinuierliche Optimierungsaufgabe

Jedes Unternehmen macht Erfahrungen, positive wie negative. In einer lernenden Organisation werden diese Erfahrungen im Sinne einer permanenten Verbesserung für künftige Vorgänge genutzt. Dies setzt aber voraus, dass Erfahrungen in verwertbare Erkenntnisse umgesetzt werden.

13.1 Manöverkritik

Aus Fehlern soll man lernen und einen erfolgreichen Prozess nicht ändern (Never change a winning team!). Beide Aussagen werden oft gebraucht und verdienen Beachtung. Leider bedeutet dies nicht, dass alle sich hiernach richten. Andernfalls würden Fehler nicht wiederholt und erfolgreiche Abläufe nicht ignoriert.

Ist Verbesserungsfähigkeit ein Makel oder eine Chance? Fest steht jedenfalls, dass auch Weltmeister noch verbesserungsfähig sind, zumindest sein sollten. Jeder Weltrekord wird irgendwann durch irgendjemanden verbessert. Das weist die Geschichte eindeutig nach. Was ist zu tun?

Investitionsobjekte sind wesentliche Vorgänge. Nach deren Abschluss ist Manöverkritik gefragt. Darunter versteht man den offenen Meinungsaustausch über alle positiven wie negativen Erfahrungen. Einzubeziehen sind alle Beteiligten. Der Lieferant ist in diesem Zusammenhang nicht unbedingt „Beteiligter". Es ist aber interessant, seine Eindrücke abzufragen und zumindest mittelbar (z. B. durch den Einkauf) einfließen zu lassen.

Der Meinungsaustausch kann sich z. B. auf folgende Belange beziehen:

- Einhaltung der Verfahrensanweisungen
- Gründe für Abweichungen
- Zweckmäßigkeit der Verfahrensanweisungen
- mögliche Änderung von Verfahrensanweisungen (Abläufe)
- Effizenz der Bedarfsermittlung
- Vorbereitung und Form der Anfrage
- Effizenz der Verhandlung / Vergabeentscheidung

- Form der Vertragsgestaltung
- Zusammenarbeit mit dem Lieferanten
- Ablauf von Änderungen
- Vertragsabwicklung über die Zeit
- Erkenntnisse bei der Vertragserfüllung
  - Lieferung / Termineinhaltung
  - Probebetrieb
  - Übernahme
  - Zahlungsabwicklung
- Abwicklung von Gewährleistungsansprüchen
- Vorbereitung von Wartung, Ersatzteilen, Service usw.
- erste Erfahrungen bei der Nutzung

Die Liste erhebt keinen Anspruch auf Vollständigkeit. Dennoch wird die Diskussion dieser Punkte eine Fülle von Verbesserungspotenzial aufzeigen. Weitere Punkte werden sich im Laufe des Gespräches einstellen.
Das Gespräch muss offen geführt werden. Das Bedürfnis, Schwächen wegzudiskutieren darf nicht Oberhand gewinnen. Stattdessen sind Lösungen für künftige Vorgänge gefragt.

13.2 SWOT-Analyse als Tool zur Verbesserung

Ein gutes Werkzeug, Manöverkritik in eine Verbesserungsmaßnahme zu überführen ist die SWOT-Analyse. Hierbei werden

- Stärken (Strength)
- Schwächen (Weaknesses)
- Möglichkeiten (Opportunities)
- Hindernisse (Threats)

in die vorbereiteten Quadranten eingetragen. Der Begriff SWOT-Analyse leitet sich von den Anfangsbuchstaben der englischen Übersetzung ab, die in Klammern hinter den deutschen Begriffen steht. Ein Muster für eine SWOT-Analyse ist in Abbildung 45 dargestellt.

Stärken	Schwächen
1.	1.
2.	2.
3.	3.
4.	4.
5.	5.
6.	6.
Möglichkeiten	Hindernisse
1.	1.
2.	2.
3.	3.
4.	4.
5.	5.
6.	6.

Abbildung 45: SWOT-Analyse (Beispiel)

Es ist sinnvoll, alle Beteiligten zunächst einmal im Sinne eines Brainstormings in die Sammlung der Erfahrungen einzubeziehen. Dabei werden die Einwürfe zunächst diskussionslos erfasst. Das gilt für alle Beteiligten und verlangt ein erhebliches Maß an Disziplin. Erst in einem zweiten Schritt werden die Einwürfe hinterfragt und diskutiert.

Betrachtet man die SWOT-Analyse bezüglich ihres Inhaltes, so stellen die beiden Felder der oberen Hälfte (Stärken und Schwächen) die Ist-Situation dar. Hingegen ist in den beiden unteren Feldern (Möglichkeiten und Hindernisse) das Verbesserungspotenzial, die Herausforderungen zu erkennen. Diesem Verbesserungspotenzial ist entschieden nachzugehen.

13.3 Permanente Verbesserung als Herausforderung

Verbesserungen sind kein Einmalvorgang. Die Suche nach Verbesserungsmöglichkeiten und deren Umsetzung ist vielmehr eine permanente Herausforderung im Sinne einer ständigen Verbesserung (permanent improvement). Diesem Anspruch, gilt es gerecht zu werden.

Hierzu wird es sicherlich Maßnahmen geben, die mehr oder weniger kurzfristig umzusetzen sind. Mit hoher Wahrscheinlichkeit wird dies nur dann geschehen, wenn hierzu auch klare Aufgabenstellungen vereinbart werden. Hierzu können auch Änderungen zu Abläufen (Verfahrensanweisungen) gehören. Alle diese Aufgaben sind in einer Liste zu erfassen, die folgende Rubriken aufweist:

- Was soll getan / geregelt werden?
- Wer ist hierfür verantwortlich?
- Bis wann soll das erledigt sein?

Die Verantwortlichen sollten sich auf einen Beteiligten verständigen, der die Einhaltung der besprochenen / vereinbarten Aufgaben nachhält.

Aufgabe	Verantwortlich	Termin	Status
Formular „Lastenheft" entwerfen	C. Emsig, Einkauf	2013-05-31	erledigt 2013-05-20
Server für technische Dokumentation einrichten	H. Bitter, IT	2013-05-31	erledigt 2013-05-31
Basis-Terminplan für Investitionsprojekte erstellen	K. Gross, Fertigung	2013-06-30	offen
Verfahrensanweisung überarbeiten	C. Emsig, Einkauf	2013-09-30	offen
usw.			

Abbildung 46:   Aufgabenliste zur permanenten Verbesserung (Beispiel)

Vielleicht sind neben den vorgenannten Verbesserungen auch Verhaltensänderungen notwendig, die nicht einfach in eine Aufgabenliste passen. Beim nächsten adäquaten Vorgang soll manches besser laufen! Auch diese sind zu erfassen. Alle Beteiligten sind gut beraten, sich die Punkte vor dem nächsten Vorgang noch einmal anzusehen. Andernfalls könnten sie als „Wiederholungstäter" identifiziert werden.

Verbesserungspotenzial	Zuständig
Frühzeitige Einbindung Einkauf in Überlegungen	Investor
Abstimmung Verhandlungsstrategie	Einkauf
Terminplanung mit Meilensteinen durchführen	Investor/Einkauf
Erarbeitung Pflichtenheft anstoßen	Investor
Möglichkeiten MoB klären	Investor/Einkauf
usw.	

Abbildung 47: Verbesserungspotenzial erfassen (Beispiel)

Permanente Verbesserung lebt davon, dass die Beteiligten gewillt, bereit und in der Lage sind, Verbesserungspotenzial zu erkennen und die notwendigen Verbesserungen bei sich selbst und anderen durchsetzen. Dies gilt auch für den Umgang mit Investitionsobjekten.

Anhang

Anhang 1: Verhandlungsprotokoll

Teilnehmer

Von: Y-GmbH (Lieferant) Frau/Herr
　　　　Frau/Herr

von　Verbraucher AG (Kunde) Frau/Herr
　　　　Frau/Herr
　　　　Frau/Herr

Verhandlungsgegenstand:

Gemäß Anfrage Nr.:
Gemäß Angebot Nr.:
Angebotswert:　　…….. EUR
Lieferumfang:　　techn. Umfang gem. Angebot

Verhandlungsgegenstand (Langtext)

Zusatzvereinbarungen

Dokumentation

…. Wochen nach Auftragsvergabe sind bereitzustellen
…
…
2 x Aufstellpläne incl. Angabe von Gewicht, Anschlusswert usw.

Mit der Lieferung der Anlage/Maschine sind bereitzustellen:
2 x Satz Bedienungsanleitungen
2 x Satz Programmieranleitungen
2 x Satz Ersatzteillisten
2 x Satz elektrische und hydraulische Schaltpläne
…
…

Die aufgeführte Dokumentation gehört zum verbindlichen Lieferumfang.

Allgemeine Bedingungen

Für diesen Auftrag wurden die „Allgemeinen Einkaufsbedingungen",
Exemplar wurde übergeben, in allen Punkten ausdrücklich anerkannt.

Erfüllungsort und Gerichtsstand ist Irgendwo

Preise
Die verhandelten genannten Preise sind Festpreise (zzgl. der zum Zeitpunkt der Rechnungsstellung gültigen gesetzlichen Mehrwertsteuer) und gelten bis zur vollständigen Auslieferung, Inbetriebnahme sowie der endgültigen Abnahme durch den Kunden. Sie werden durch Veränderungen von Kostenfaktoren jeglicher Art nicht revidiert.

Gesamtfestpreis aller aufgeführten Leistungen: ..... EUR

Zahlungsbedingungen
...% Anzahlung
nach Erhalt der ausführlichen Bestellungsannahme und gegen Vorlage einer selbstschuldnerischen Bankbürgschaft (Betrag incl. MwSt). Die ausstellende Bank verzichtet ausdrücklich auf die Einrede der Vorausklage. Die Bürgschaftskosten trägt der Auftragnehmer.
...% bei Lieferung;
...% Schlusszahlung
nach Endabnahme und Vorlage des internen Abnahmeprotokolls, spätestens 6 Wochen nach vollständiger Lieferung
Alle Zahlungen jeweils nach Anforderung 30 Tage netto

Lieferbedingungen
frei Verwendungsstelle, einschließlich Verpackung
Transportversicherung erfolgt durch den Auftragnehmer (beinhaltet aufladen, Transport, abladen und Verbringung zum Aufstellort)

Liefertermin
Anlieferungsbeginn:
betriebsbereite Übergabe spätestens:
Drei Arbeitstage vor dem Versand ist der Auftraggeber unter der genannten E-Mail-Adresse über die anstehende Lieferung zu informieren.

Lieferverzugstrafe
Beginn:
Höhe: 1 % pro angefangene Woche, max. 5 % des Gesamtbestellwertes

Dies bezieht sich jeweils auf beidseitig, schriftlich abgestimmte Termine. Verspäteter Vormaterialeingang und Teillieferungen entbinden nicht hiervon.

Aufstellung
Abladen, Transport zum Aufstellort, Aufstellung und Anschließen der Anlage erfolgen durch Fachpersonal des Auftragnehmers.

Inbetriebnahme
Die Inbetriebnahme erfolgt unmittelbar nach Beendigung der Aufstellarbeiten durch einen Fachmonteur des Auftragnehmers und ist für den Auftraggeber kostenlos. Eine entsprechende Dokumentation der Schulung ist vom Auftragnehmer vorzunehmen.

Einweisung

Nach betriebsbereiter Übergabe erfolgt eine ausführliche Einweisung des Bedienungspersonals des Auftraggebers, durch Fachpersonal des Auftragnehmers. Diese Einweisung ist kostenlos.

Endabnahme

Die interne Endabnahme durch Personal des Auftraggebers findet unmittelbar nach der Inbetriebnahme statt, störungsfreier Lauf vorausgesetzt.

Gewährleistungsdauer

36 Monate nach Endabnahme

Treten in der Gewährleistungszeit am gleichen Bauteil dreimal die gleichen Fehler auf, so gilt dieses Bauteil als falsch ausgelegt und muss durch ein konstruktiv verbessertes Bauteil kostenlos ersetzt werden.

Nutzungsrate

Der Auftragnehmer garantiert eine Nutzungsrate von ..... %, das heißt, eine maximale technische Ausfallrate von ..... %, beginnend ab dem zweiten Monat nach der Inbetriebnahme.

Wird die Verfügbarkeit um 1 % pro Monat unterschritten, so verlängert sich die Gewährleistungsdauer für diesen Monat um einen weiteren Monat; bei Unterschreitung um 2 % verlängert sich die Gewährleistungsdauer um 2 Monate usw., längstens jedoch auf insgesamt ..... Monate.

Die Nutzungsrate wird für die Dauer von ..... Monaten garantiert.

Das Erfassen der technischen Ausfallrate geschieht in einem Protokoll durch den Betreiber im Einvernehmen mit dem Auftragnehmer. Die Protokollerstellung und Errechnung der Nutzungsrate erfolgen monatlich und werden dem Auftragnehmer mitgeteilt (vgl. VDI-Richtlinie 3423).

Monteur- und Ersatzteil-Service

erfolgen in der Regel innerhalb 24 Stunden nach schriftlicher Störungsmeldung bzw. Bestellung. Sonn- und Feiertage sind hiervon ausgenommen. Die Monteurgestellung erfolgt ab Irgendwo.

Die Kosten/Stundensätze/Anfahrt usw. sind im Vorfeld zu definieren.

Sonstiges

Der Auftragnehmer verpflichtet sich, folgende Vorschriften zu beachten:

- Gerätesicherheitsgesetz in der ab 01.01.1993 geltenden Fassung
- 3. und 9. Verordnung zum Gerätesicherheitsgesetz (GSG)
- sonstige für die bestellte Maschine anzuwendenden Rechtsverordnungen zum GSG
- Vorschriften der Berufsgenossenschaften

- Vorschriften der für den Aufstellungsort zuständigen Gewerbeaufsichtsbehörde
- Vorschriften des VDE
- Vorschriften der Unfallverhütung UVV
- Vorschriften des IEC
- EG-Maschinenrichtlinie 89/392/EWG

Die Verpflichtung schließt ein, dass

- an der Maschine die CE-Kennzeichnung angebracht ist,
- für die Maschine eine Konformitätserklärung nach Anhang II A Maschinen-Richtlinie ausgestellt und beigefügt werden muss,
- für eine Maschine nach Anhang IV Maschinen-Richtlinie eine Bescheinigung einer zugelassenen Prüf- und Zertifizierungsstelle vorgelegt wird,
- eine Betriebsanleitung in deutscher Sprache beigefügt ist.

Allgemeine Vertragsbedingungen
Sollten einzelne Bestimmungen des abzuschließenden Vertrages unwirksam sein oder werden, so wird hiervon die Wirksamkeit aller sonstigen Bestimmungen nicht berührt. Bei sich widersprechenden technischen und kommerziellen Bedingungen bezüglich der Auftragsgrundlagen gilt vereinbarungsgemäß in jedem Falle die Version, die uns die bessere Version zubilligt und/oder die sich in Bezug auf die technische Ausführung nach dem neuesten Stand der Technik richtet.

Vertragsgrundlagen
Bei Vertragsabschluss gelten die nachfolgend genannten Dokumente in folgender Reihenfolge:

- Dieses/diese Verhandlungsprotokoll/Checkliste
- Die Allgemeinen Einkaufsbedingungen

Kontaktpersonen
für die kaufmännische Auftragsabwicklung:

Frau/Herr   Telefon:

für die technische Auftragsabwicklung:

Frau/Herr   Telefon:

Irgendwo,

Verbraucher AG (Auftraggeber)   Y-GmbH (Auftragnehmer)

Anhang 2: Code of Conduct [10]

**ZVEI-Code of Conduct
zur gesellschaftlichen Verantwortung**

Präambel

Der ZVEI – Zentralverband Elektrotechnik- und Elektronikindustrie e. V. und seine Mitgliedsunternehmen bekennen sich zu ihrer gesellschaftlichen Verantwortung im Rahmen der unternehmerischen Tätigkeit weltweit (international meist als „CSR"[1] bezeichnet). Dieser „ZVEI-Code of Conduct zur gesellschaftlichen Verantwortung" (nachfolgend „CoC" genannt) hält als Branchenleitfaden fest, was dies insbesondere hinsichtlich Arbeitsbedingungen, Sozial- und Umweltverträglichkeit sowie Transparenz, vertrauensvolle Zusammenarbeit und Dialog bedeutet. Die Inhalte dieses CoC, die vom ZVEI zusammen mit Mitgliedsunternehmen entwickelt und abgestimmt wurden, sind Ausdruck der gemeinschaftlichen Wertebasis des ZVEI, wie sie in der Vision und Mission des ZVEI definiert und insbesondere im Bekenntnis zur Sozialen Marktwirtschaft festgehalten sind.

Die Anwendung dieses CoC wird den Mitgliedsunternehmen vom ZVEI empfohlen. Er ist als Selbstverpflichtung konzipiert, die von den Mitgliedsunternehmen unterzeichnet werden kann. Mit der Bereitstellung dieses CoC unterstützt der ZVEI sie dabei, auf die unterschiedlichen Rahmenbedingungen in einem globalen Markt zu reagieren und sich den Herausforderungen und gesellschaftlichen Erwartungen zu stellen, die aus der zunehmend vernetzten Zusammenarbeit in den Wertschöpfungsketten folgen.

1. **Grundverständnis über gesellschaftlich verantwortliche Unternehmensführung**

   Diesem CoC liegt ein gemeinsames Grundverständnis gesellschaftlich verantwortlicher Unternehmensführung zugrunde. Dies bedeutet für das unterzeichnende Unternehmen, dass es Verantwortung übernimmt, indem es die Folgen seiner unternehmerischen Entscheidungen und Handlungen in ökonomischer, technologischer wie auch in sozialer und ökologischer Hinsicht bedenkt und einen angemessenen Interessenausgleich herbeiführt. Das unterzeichnende Unternehmen trägt im Rahmen seiner jeweiligen Möglichkeiten und Handlungsräume freiwillig zum Wohle und zur nachhaltigen Entwicklung der globalen Gesellschaft an den Standorten bei, an denen es tätig ist. Es orientiert sich dabei an allgemeingültigen ethischen Werten und Prinzipien,

---

[1] CSR = Corporate Social Responsibility

insbesondere an Integrität und Rechtschaffenheit und am Respekt vor der Menschenwürde.

2. Geltungsbereich

2.1 Dieser CoC gilt für alle Niederlassungen und Geschäftseinheiten des unterzeichnenden Unternehmens weltweit.

2.2 Das unterzeichnende Unternehmen verpflichtet sich, die Einhaltung der Inhalte dieses CoC auch bei seinen Lieferanten und in der weiteren Wertschöpfungskette im Rahmen seiner jeweiligen Möglichkeiten und Handlungsräume zu fördern.

3. Eckpunkte gesellschaftlich verantwortlicher Unternehmensführung

Das unterzeichnende Unternehmen wirkt aktiv darauf hin, dass die im Folgenden genannten Werte und Grundsätze nachhaltig beachtet und eingehalten werden.

3.1 Einhaltung der Gesetze

Das unterzeichnende Unternehmen hält die geltenden Gesetze und sonstigen Rechtsvorschriften der Länder ein, in denen es tätig ist. Bei Ländern mit schwachem institutionellem Rahmen prüft es sorgfältig, welche gute Unternehmenspraxis aus dem eigenen Heimatland für verantwortungsvolle Unternehmensführung unterstützend angewandt werden sollte.

3.2 Integrität und Organizational Governance

3.2.1 Das unterzeichnende Unternehmen orientiert sein Handeln an allgemeingültigen ethischen Werten und Prinzipien, insbesondere an Integrität, Rechtschaffenheit, Respekt vor der Menschenwürde, Offenheit und Nichtdiskriminierung von Religion, Weltanschauung, Geschlecht und Ethnik.

3.2.2 Das unterzeichnende Unternehmen lehnt Korruption und Bestechung im Sinne der entsprechenden UN-Konvention[2] ab. Es fördert auf geeignete Weise Transparenz, integres Handeln und verantwortliche Führung und Kontrolle im Unternehmen.

---

[2] Übereinkommen der Vereinten Nationen gegen Korruption von 2003, in Kraft seit 2005

3.2.3 Das unterzeichnende Unternehmen verfolgt saubere und anerkannte Geschäftspraktiken und einen fairen Wettbewerb. Im Wettbewerb richtet es sich an professionellem Verhalten und qualitätsgerechter Arbeit aus. Mit den Aufsichtsbehörden pflegt es einen partnerschaftlichen und vertrauensvollen Umgang. Es hält sich zudem an die Vorgaben des „Leitfadens für unsere Verbandsarbeit – Hinweise für ein kartellrechtskonformes Handeln im ZVEI".

3.3 Verbraucherinteressen

Soweit Verbraucherinteressen betroffen sind, hält sich das unterzeichnende Unternehmen an verbraucherschützende Vorschriften sowie an angemessene Vertriebs-, Marketing- und Informationspraktiken. Besonders schutzbedürftige Gruppen (z.B. Jugendschutz) genießen besondere Aufmerksamkeit.

3.4 Kommunikation

Das unterzeichnende Unternehmen kommuniziert offen und dialogorientiert über die Anforderungen dieses CoC und über dessen Umsetzung gegenüber Mitarbeitern, Kunden, Lieferanten und anderen Interessens- und Anspruchsgruppen. Alle Dokumente und Unterlagen werden pflichtgemäß erstellt, nicht unlauter verändert oder vernichtet und sachgerecht aufbewahrt. Betriebsgeheimnisse und Geschäftsinformationen der Partner werden sensibel und vertraulich behandelt.

3.5 Menschenrechte

Das unterzeichnende Unternehmen setzt sich für die Förderung der Menschenrechte ein. Es hält die Menschenrechte gemäß der UN-Menschenrechtscharta[3] ein, insbesondere die nachfolgend genannten:

3.5.1 Privatsphäre

Schutz der Privatsphäre.

---

[3] Allgemeine Erklärung der Menschenrechte, UN-Resolution 217 A (III) von 1948

3.5.2 Gesundheit und Sicherheit

Wahrung von Gesundheit und Arbeitssicherheit, insbesondere Gewährleistung eines sicheren und gesundheitsfördernden Arbeitsumfeldes, um Unfälle und Verletzungen zu vermeiden.

3.5.3 Belästigung

Schutz der Mitarbeiter vor körperlicher Bestrafung und vor physischer, sexueller, psychischer oder verbaler Belästigung oder Missbrauch.

3.5.4 Meinungsfreiheit

Schutz und Gewährung des Rechts auf Meinungsfreiheit und freie Meinungsäußerung.

3.6 Arbeitsbedingungen

Das unterzeichnende Unternehmen hält die folgenden Kernarbeitsnormen der ILO[4] ein:

3.6.1 Kinderarbeit

Das Verbot von Kinderarbeit, d. h. der Beschäftigung von Personen jünger als 15 Jahre, sofern die örtlichen Rechtsvorschriften keine höheren Altersgrenzen festlegen und sofern keine Ausnahmen zulässig sind.[5]

3.6.2 Zwangsarbeit

Das Verbot von Zwangsarbeit jeglicher Art.[6]

---

[4] ILO = International Labour Organization = Internationale Arbeitsorganisation
[5] ILO-Konvention Nr. 138 von 1973 und ILO-Konvention Nr. 182 von 1999
[6] ILO-Konvention Nr. 29 von 1930 und ILO-Konvention Nr. 105 von 1957

3.6.3 Entlohnung

Die Arbeitsnormen hinsichtlich der Vergütung, insbesondere hinsichtlich des Vergütungsniveaus gemäß den geltenden Gesetzen und Bestimmungen.[7]

3.6.4 Arbeitnehmerrechte

Die Respektierung des Rechts der Arbeitnehmer auf Koalitionsfreiheit, Versammlungsfreiheit sowie auf Kollektiv- und Tarifverhandlungen, soweit dies in dem jeweiligen Land rechtlich zulässig und möglich ist.[8]

3.6.5 Diskriminierungsverbot

Diskriminierungsfreie Behandlung aller Mitarbeiterinnen und Mitarbeiter.[9]

3.7 Arbeitszeit

Das unterzeichnende Unternehmen hält die Arbeitsnormen hinsichtlich der höchst zulässigen Arbeitszeit ein.

3.8 Umweltschutz

Das unterzeichnende Unternehmen erfüllt die Bestimmungen und Standards zum Umweltschutz, die seine jeweiligen Betriebe betreffen, und handelt an allen Standorten umweltbewusst. Es geht ferner verantwortungsvoll mit natürlichen Ressourcen um gemäß den Grundsätzen der Rio-Deklaration[10].

3.9 Bürgerschaftliches Engagement

Das unterzeichnende Unternehmen trägt zur gesellschaftlichen und ökonomischen Entwicklung des Landes und der Region bei, in der es tätig ist und fördert entsprechende freiwillige Aktivitäten seiner Mitarbeiterinnen und Mitarbeiter.

---

[7] ILO-Konvention Nr. 100 von 1951
[8] ILO-Konvention Nr. 87 von 1948 und ILO-Konvention Nr. 98 von 1949
[9] ILO-Konvention Nr. 111 von 1958
[10] Die 27 Grundsätze der „Rio Declaration on Environment and Development" von 1992 als Ergebnis der Konferenz der Vereinten Nationen über Umwelt und Entwicklung in Rio de Janeiro

4. Umsetzung und Durchsetzung

Das unterzeichnende Unternehmen unternimmt alle geeigneten und zumutbaren Anstrengungen, die in diesem CoC beschriebenen Grundsätze und Werte kontinuierlich umzusetzen und anzuwenden. Vertragspartnern soll auf Verlangen und im Rahmen von Reziprozität über die wesentlichen Maßnahmen berichtet werden, so dass nachvollziehbar wird, wie deren Einhaltung grundsätzlich gewährleistet wird. Ein Anspruch auf die Weitergabe von Betriebs- und Geschäftsgeheimnissen, auf den Wettbewerb bezogener oder sonst schützenswerter Informationen besteht nicht.

Phoenix Contact GmbH & Co. KG

Blomberg, 14.09.09
Ort, Datum

Klaus Eisert   Roland Bent   Dr. Martin Heubeck

Prof. Dr. Gunther Olesch   Frank Stührenberg   Dr. Heinz Wesch

---

10) Quelle: Phoenix Contact GmbH & Co. KG, Blomberg

Stichwortverzeichnis

Abnahme 118, 128, 151, 155 f.
Abnahmeprotokoll 156 ff.
Akzeptanz 93, 142, 156
Allgemeine Einkaufsbedingungen 139
Allgemeine Geschäftsbedingungen 118, 139, 143
Anbieter 24, 33, 35, 37 ff., 42 ff., 50 f., 58 ff., 63 f., 73 f., 82, 87, 122, 134
Änderungen 48, 59, 129, 145, 150 ff., 155, 159, 172 ff.
Änderungsfreigabe 152
Anfrage 24, 34, 37 f., 41 ff., 50, 58, 82, 84 f., 97, 105, 131, 172
Anfrageinhalt 46
Anfragekreis 41 f., 97
Anfrageverfolgung 50
Angebotsgültigkeit 48, 143, 159
Angebotsprüfung 38
Angebotsvergleich 35, 38, 43, 56 ff., 64 ff., 95, 122, 137
Annahme 41, 62 f., 67, 129, 143 f., 153
Anschaffungspreis 62 f.
Antrag 41, 67, 129, 143 f., 150
Anzahlungsbürgschaft 109, 112, 163
Arbeits- und Gesundheitsschutz 96
Argumente 39, 71 f., 78 f., 163
Aufgaben des Einkaufs 17
Aufgabenliste 148 f., 174 f.
Auktionator 83 f., 87 ff., 92 ff.
Auswertung 57 f., 64

Bankbürgschaft 108 ff., 147, 165
Beanstandung 59, 155
Bedarfsbündelung 33
Bedarfserkennung 26, 52
Bedingungen 39, 43, 46, 50, 66, 82, 85, 104 ff., 118, 139 ff., 144 f., 150
Beratung 20, 36 f.
Bestellbearbeitung 106, 143
Bestellungsannahme 105, 107, 131, 143 ff.
Betriebskosten 58, 61, 63, 82, 95
Betriebsstoffe 13, 15, 42, 49, 59, 62, 102, 121

Bieter 82, 84 ff.
Bluff 79 f.

Checkliste 11, 31, 50, 75, 78
Controlling 18, 20 f., 27

Delegation 70 ff., 76
Dialog 68 ff., 78
Dienstleister 125 f., 160
Dokumentation 126 ff., 155, 158 f., 162 f.
Durchführungsbürgschaft 91, 107 ff., 112, 163

Energie 13 ff., 62, 70, 121
Energieeffizienz 14
Entscheidungsgrundlage 72, 159
Entsorgung 11, 15, 22, 47, 57 f., 62 f., 95, 137 f., 168, 170
Erfüllungsort 46
Erfüllungstermin 46, 151
Ersatzteile 11, 24 f., 38 f., 47, 62, 123 ff., 160 f., 172

Fairness 76, 78
Ferndiagnose 123
Finanzabteilung 11, 21 f., 27 f., 139, 146
Folgekosten 13, 25, 37, 47, 58, 60, 64
funktionsübergreifende Zusammenarbeit 11, 14, 18 f., 26

Genehmigungszeichnungen 129, 131
Gericht 70, 118, 132, 140 f., 143, 161
Geschenke 73 f., 77, 125
Gesetz 95, 102, 139 f.
Gewährleistungsansprüche 66, 111, 164, 172
Gewährleistungsausschluss 119 f., 164
Gewährleistungsbürgschaft 109, 111 f., 113, 163, 167
Gewährleistungsverfolgung 164, 166
Gewährleistungsfrist 64, 111, 116 ff., 155, 163 ff., 167

Hartfacts 95

Internetauktion 66, 82 ff., 88 ff., 92 ff.
Investitionsentscheidung 11, 14
Investitionsmanagement 11, 14, 171
Investitionsplan 26, 29 f., 55
Investitionsrechnung 20, 63

kaufmännisches Bestätigungsschreiben 143 ff.
Kontaktinformationen 49
Kontrahenten 67 f., 71 f., 73 f., 76, 78
Kräfteverhältnisse 20 ff., 74

Langzeiteffekte 60
Lastenheft 52, 54 ff.
Liefer- und Zahlungsbedingungen 49, 60
Lieferantenauswahl 35, 38
Lieferverzugsstrafe 48, 91, 129, 131 f., 145, 155 f., 159

Make or Buy 29
Management 14, 17, 27, 33, 35
Minderung 107, 116 f., 133, 154
Monolog 68, 78
Montage 46, 126, 129 f.

Nachbesserung 85, 90, 130, 133, 147, 159
Nutzungsdauer 13, 15 f., 21, 57, 60, 62 ff., 77, 95, 123, 159 f., 170 f.

offene Diskussion 68, 70
offener Krieg 68, 72

Permanente Verbesserung 174 f.
Pflichtenheft 52
Portfolio-Analyse 24 f.
Pönale 131
Preisvergleich 48
Probebetrieb 107, 116 ff., 126, 129 f., 132 f., 153 f., 172
Problemlösung 17, 20 f., 42

Qualität 18, 57 f., 66, 101, 121

Referenzen 36 f., 48, 59 f., 163
Reparatur 15 f., 24 f., 47, 62, 122, 125 ff., 153, 164
Risiko / Risiken 14, 34, 48, 89, 95, 135, 139, 145

Schadenersatz 124 f., 131 ff.
Schiedsgericht 141 f.
Schlechterfüllung 116, 121, 133
Service 38 f., 42, 47, 59, 82, 108, 135, 172
Sicherungsübereignung 115
Softfacts 95
Späterfüllung 159
Spezialkomponenten 39
Spezifikation 46, 66, 91, 93
Standardbedingungen 49 f.
Standardisierung 38 f.
SWOT-Analyse 172 f.

technische Verfügbarkeit 47, 59, 115 ff., 121, 154
Terminüberwachung 148, 150
Total Cost 13
Transparenz 48, 134
Transport 124, 133 ff.

Übernahme 47, 59, 107, 118, 124, 129 f., 153 ff., 160, 162, 172
Überraschungseffekt 47
Ultimatum 81
Umweltschutz 40, 100

Verbesserungspotenzial 172 f., 175
Verfahrensanweisung 28 f., 54 f., 171, 174
Vergabeprozedur 50, 86 f., 92
Verhandlungsprotokoll 176
Verkauf 57, 168 ff.
Verkäufer 17, 26, 73, 121, 141
Verpackung 58, 133 f., 137 f.
Versandbereitschaft 107, 118
Verschleißteile 119 f., 164
Verschrottung 62, 168, 170
Versicherung 36, 108, 133 ff.
Verständigung 70, 73
Vertragsfreiheit 118, 139 f.
Vertragsstrafe 46, 124 f., 131 ff., 150, 155
Vertragswährung 137
Vorabnahme 129 f., 153

Währung 105, 139
Währungssicherung 139, 145
Wandlung 107, 117 f., 133, 154

Wartung 13, 15, 24 f., 62, 122, 125 ff., 153, 159, 164, 172
Wartungsmaterial 40
Wartungsvertrag 159 f.
Wettbewerb 21, 24, 34, 39, 85 f., 93
Wettbewerbsvorteil 74
wüste Beschimpfung 68, 70, 78

Zahlung 68, 106 ff., 124, 133, 140, 145, 147 f., 151, 158, 163
Zahlungsfristen 107
Zahlungsmodalitäten 46, 106, 162
Zeitbedarf 31, 39
Zeitplan 30 f.
Zertifikat 96 f., 104
Zielpreis 83, 86 ff.
Zuverlässigkeit 59

Printed by Libri Plureos GmbH
in Hamburg, Germany